歴史文化ライブラリー

241

昭和を騒がせた漢字たち

当用漢字の事件簿

円満字二郎

館

目次

変わりゆく社会の中で　一九六〇年代の漢字事件

＊　本書では読みやすさを考えて、引用文は、原典の表記にかかわらず、原則として新字体・新仮名を用い、引用者の責任において適宜、ルビを振った。また、本文中、登場人物の敬称は省略させていただいた。

八紘一宇をめぐって――プロローグ

1　八紘一宇をめぐって

「民主化」の流行

一九四五年（昭和二〇）八月一五日正午。炎天下、ラジオの前に集められた日本国民は、かたずを飲んで昭和天皇の肉声による重大発表に耳を傾けた。いわゆる「玉音放送」である。

「朕《ちん》深ク世界ノ大勢ト帝国ノ現状トニ鑑《かんが》ミ、非常ノ措置ヲ以《もっ》テ時局ヲ収拾セムト欲シ、茲《ここ》ニ忠良ナル爾《なんじ》臣民《しんみん》ニ告グ……」

この「終戦の詔勅」とともに、満州事変以来、一五年もの長きにわたった戦争は、ようやく終わりを告げた。連合国軍最高司令官マッカーサーが、サングラスにパイプといういでたちで神奈川県の厚木飛行場に降り立ったのは、それから二週間ほどが過ぎた、八月三〇日のことであった。アメリカによる占領統治が始まったのである。

連合国軍総司令部（ＧＨＱ）の占領政策は、当時の日本人にとってはまさに革命的なものだった。その基本的な考え方が示されたのは、一〇月一一日。この日、マッカーサーは憲法改正の必要性を指摘した上で、女性の解放、労働組合の結成奨励、教育の自由化、秘密警察の廃止、経済機構の民主化の五項目の改革を要求した。

この五つの改革を一言で言い表すとすれば、「民主化」となるだろう。日本は戦争に負けたのだから、勝者アメリカのような民主主義国家に生まれ変わらなくてはならない。そのためには、あらゆる方面で「民主化」が必要なのだ。それが、当時の雰囲気であった。以後、新聞や雑誌、ラジオなどではこの「民主化」ということばがしきりに唱えられるようになる。「民主化」は、流行語となったのである。

わけの解らぬ文字とことば

そんな中、一一月一二日付『読売報知』（翌年五月一日から『読売新聞』）が、興味深い社説を載せた。

社説はまず、「民主化」のためには知能の発達が必要で、そのために重要なのは言葉と文字だという。ここまでは、まったくお説ごもっとも、である。ところがこの社説は、次のように続くのだ。

現在日本の常用文字たる漢字がいかにわが国民の知能発達を阻害しているかには無数の例証がある。特に日本の軍国主義と反動主義とはこの知能阻害作用を巧《たくみ》に利用した。八紘一宇《はっこういちう》などというわけの解《わか》らぬ文字と言葉で日本人の批判能力は完全に封殺されてしまった。

図１　八紘一宇の塔（戦後に復元されたもの）

現在、「八紘一宇」ということばを知っている人は、どれくらいいるのだろうか。わかりやすく説明すれば、「世界を一つの家に」といったような意味のことばだ。それは、一九四〇年（昭和一五）、近衛文麿《このえふみまろ》内閣で閣議決定された「基本国策要綱」に用いられて以来、日本の政策スローガンとして使われた。しかし、『読売報知』はこのスローガンを「わけの解らぬ文字と言葉」だと言い、軍部がそれを利用して国民の批判能力を封じ込めたのだ、と主張するのである。

では、国民はなぜ、「わけの解らぬ文字や言葉」を批判し、退けることができなかったのか。その理由について、この社説は次のように述べている。

日本の児童は国民学校、中学校を通じて文字の学習に精力の大半を消耗する。そのため知識そのものを広めかつ知能を高めるための真実の批判的教育は閑却される。つまり、漢字の習得に追われて他の学習がおろそかになるから批判能力が育たない、というのだ。いけないのは漢字なのである。さらにこの社説は、「隣邦《りんぽう》支那の封建時代に完成しただけに漢字には封建的な特徴が濃厚だ」と述べた上で、次のように結論付ける。

漢字を廃止するとき、われわれの脳中に存在する封建意識の掃蕩《そうとう》が促進され、あのてきぱきしたアメリカ式能率にはじめて追随しうるのである。文化国家の建設も民主政治の確立も漢字の廃止と簡単な音標文字（ローマ字）の採用に基《もと》づく国民知的水準の昂揚《こうよう》によって促進されねばならぬ。

この社説のタイトルは、ズバリ「漢字を廃止せよ」。『読売報知』は、社の意見として、漢字の廃止を訴えたのである。

進歩的知識人と軍国青年

さて、この社説では、漢字廃止を主張するための具体的な論拠として、「八紘一宇」ということばが引き合いに出されたわけだが、このことばに対して批判的だったのは、実は『読売報知』だけではない。当時の日記や回想録などを読むと、「八紘一宇」批判にしばしば行き当たるのである。

たとえばフランス文学者の渡辺一夫は、この年の三月一六日、大空襲の余燼《よじん》くすぶる東京の星空の下、日記中に「新紋切型辞典」という見出しを立てて、「八紘一宇＝己《おれ》の言うことをきかぬと殺すぞ焼くぞ」と記している。「紋切型辞典」とは、フランスの作家フローベールの作品名である。渡辺はそれに倣って、「八紘一宇」の持つ陰の意味を批判したのであろう。

また、山田風太郎と言えば「忍法帖」シリーズなどで多くのファンを持つ伝奇作家だが、七月二八日の彼の日記には、「八紘一宇、何ぞ他民族に対して不可解の理想なるや。日本人たる余にもよく分らず」とある。こちらは、「八紘一宇」の意味がよくわからない、と吐露しているのである。

渡辺はこの時、四三歳の東大助教授、いわゆる進歩的知識人である。しかし、山田は当時まだ二三歳の一介の医学生であり、八月一四日の日記には「日本人をしてなお戦争を継続させなければならない」と書き付けた軍国青年であった。その両者が、まだ戦時体制にあったころに、「八紘一宇」に対して同様に批判的な文章を日記に残しているのだ。

「八紘一宇」は、なぜかくも批判されなくてはならなかったのだろうか。

コミュニケーションを阻害する漢字

先ほども説明したとおり、「八紘一宇」とは「世界は一家」ということだ。その意味だけを取り出せば、理想主義だと批判されることはあり得ても、「わけが解らない」と批判されることはないだろう。とすれば、問題は、字面からはその意味が伝わらない、というところにあるのではないだろうか。

「八紘一宇」という漢字四文字が、どうして「世界は一家」という意味になるのか。「八紘」とは、天地の八つの隅、つまりは全世界。「紘」とは、本来は太い綱のことを意味する漢字なのだが、ここでは「はて」「隅」という意味で使われている。一方の「一宇」は、一つの家。「宇宙」の「宇」は、もともとは家という意味なのだ。

問題は、「紘」と「宇」にある。それぞれの字の意味を問われてすぐさま答えられる人は、そう多くはないだろう。それゆえに、よくわからないと言われたり、本来とは違った意味を持つのではないかと、疑われたりされかねないのである。

「八紘一宇」というスローガンに関しては、その具体的な思想内容や、実践のされ方などの観点から、さまざまな批判や、また擁護の議論がある。しかし、ここでぼくが取り上げたいのはそういう話ではない。漢字という角度から眺めたとき、そこに浮かび上がってくるのは、あまり見慣れない漢字を使うと伝えたいことがうまく伝わらないことがある、という問題なのだ。

漢字は、一文字一文字が意味を持っている。その点から漢字は、表意文字と呼ばれる。しかし、この漢字の機能は、コミュニケーションに参加する人々がその意味を共有していないと、有効には働かない。その前提が欠落してしまうと、かえってコミュニケーションを阻害してしまうことになる。たとえ送り手がきちんと意味を込めて漢字を使ったとしても、受け手にはそれが伝わらない、という事態が生じてしまうのである。

この問題を解消するためにはどうすればよいか。国民全体が漢字をしっかり勉強できれば、もちろん、それに越したことはない。しかし、なにしろ漢字は数が多い。しっかり勉強するには莫大な時間に加えて、それを可能にするだけの経済的余裕が必要だ。だとすれば、漢字学習の扉は、富裕な人々に向けては開かれていても、一般庶民に対しては堅く閉ざされているのではないか。そのことが、国民の知的水準の向上にとって、足枷《あしかせ》となっているのではないか……。

『読売報知』が漢字廃止を主張したのは、まさにこの点を問題にしたものだった。漢字はコミュニケーションを妨げるだけでなく、一般大衆の知識獲得をも阻害する。漢字は「民主化」を妨げるものとして認識されたのである。そして、「八紘一宇」に多少とも批判的な思いを抱いている人ならばみな、その主張に同意する可能性があったのだ。

当用漢字の誕生

『読売報知』が漢字廃止を訴えてから一ヵ月ほど後の一二月一七日、新しい選挙法が公布されて女性にも参政権が認められた。二二日には労働組合法が公布され、二九日には農地改革が始まる。日本の「民主化」のための五大改革は、次々に実現に向けて動き出したのである。そしていよいよ翌年の一九四六年（昭和二一）になると、四月一〇日、新選挙法による初の衆議院選挙が実施され、一七日には憲法改正案が公表されることになる。

当時、漢字を「民主化」の妨げとして見る人々が多かったとすれば、こういう流れの中で、漢字を廃止、あるいは制限しようとする動きが強くなるのも、当然のことであった。

戦後民主主義の象徴となる新憲法が公布されたのは、一九四六年一一月三日である。機を同じくして、漢字の「民主化」も具体的な動きとして結実することとなった。一一月五日、国語審議会が「当用漢字表」を文部大臣に向けて答申したのである。

「当用漢字表」には、一八五〇種類の漢字が掲載されている。法令・公用文書・新聞・雑誌および一般社会で用いる漢字をこの一八五〇字に制限しようというのが、その目的で

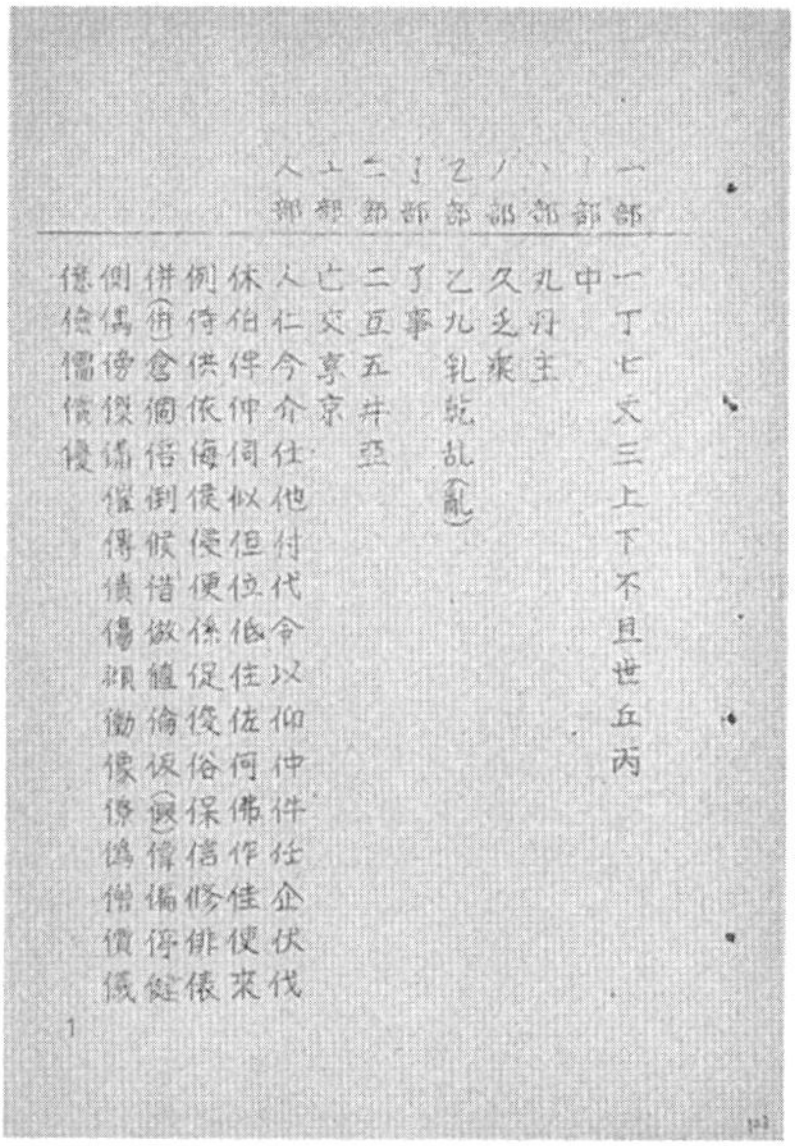
一部　一丁七丈三上下不且世丘丙
丨部　中
丶部　丸丹主
丿部　久乏乗
乙部　乙九乳乾乱(亂)
亅部　了事
二部　二互五井亜
亠部　亡交享京
人部　人仁今介仕他付代令以仰仲件任企伏伐休伯伴伸伺似但位低住佐何佛作佳使来例侍供依侮侯侵便係促俊俗保信修俳俵併(倂)倉個倍倒候借倣値倫仮(假)偉偏停健側偶傍傑傭催傳債傷傾働像僚偽僕價儀億倹儒償優
1

図2　「当用漢字表」(国立公文書館所蔵)

あった。そうすることによって、日本語の中での漢字・漢語の使用率を減らし、「新しい日本」にふさわしい「新しい日本語」を作り上げよう、というのである。

一一月一六日、時の内閣は「当用漢字表」を内閣訓令・内閣告示として公布した。内閣訓令とは内閣が官庁に出す命令であるから、以後、官庁の公文書は当用漢字の範囲内で書かなければならなくなった。一方の内閣告示とは、内閣が広く国民全体に対して、あることを知らせることを目的とするものだから、強制力はない。とはいえ、新聞や雑誌は自主的にこれに従うことになったのである。

かくして、日本語の中での漢字使用は、一八五〇字の範囲内に制限されることとなった。ところで、この数は、どのようにして定められたのだろうか。

一時の窮屈は我慢しよう

この年の二月一八日付『読売報知』の社告には、「本社のいまの使用漢字は総数四千六百余字におよんでいます」とある。また、四月一六日付『毎日新聞』の社説「国語の改革」によれば、昭和三年、九年、一〇年の三年間の帝国議会の会議録に使われた漢字は、三九四九種類だという。現実に使用されている漢字の数と、当用漢字の数の間には、大きな開きがあったのである。

当用漢字の制定にあたって、将来的な漢字の廃止を主張していた人々は、当然ながらその数はできる限り少ない方がいいと考えていた。そこで、一二九五字にまで制限しようというのが、当初の案であった。ところが、それは現実的ではないという反論があって、この案は流産してしまう。その結果、落ち着いたところが一八五〇字だったのである。

もちろん、現実にすり寄りすぎては、漢字を制限する意味がなくなってしまう。かといって、あまりに現実離れしていては、制限そのものの実施が困難となる。そのはざまで選び取られた一八五〇字は、はたしてうまく機能するのだろうか。

この点について、「当用漢字表」答申直後の一一月八日、『毎日新聞』の一面コラム「硯《けん》滴《てき》」は、「当用漢字は、いわば漢字の封鎖であるから、一時は窮屈を感ずることを免れない」と述べている。

また、後に『産経新聞』に合流することになる『時事新報』は、一一月一五日の社説「国字改良案」で、次のように述べた。

　父祖以来多年の習慣を改めることは容易の業ではない。（中略）実行するにしても、相当の混乱は免れ得ないと見ねばならない。併《しか》し過渡期には其《その》ような事は常にあるのである。

日本の「民主化」のためには漢字制限が必要である、だから当面、一時の窮屈、過渡期の混乱は我慢しようじゃないか。——当用漢字は、このような考えのもとに船出したのである。

新しい時代とともに

一九四〇、五〇年代の漢字事件

『青い山脈』の恋

恋

新憲法が施行されて間もない、一九四七年（昭和二二）の夏――。『朝日新聞』に連載された一編の小説が、巷《ちまた》の話題をさらった。石坂洋次郎の『青い山脈』である。この小説は、後に映画にもなったし、その主題歌は今でも懐メロとして歌われているから、タイトルすら知らないという人は少ないだろう。しかし、当時の人気ぶりについては、ぼくを含めて現在を生きる多くの人は、実感がないに違いない。

新聞小説の復活

そこで、同時代人の証言として、小説家の高井有一《ゆういち》の「雪子と新子」というエッセイから、エピソードを一つ、引用しておこう。

夕方の商店街を歩いていたら、八百屋のお内儀《かみ》さんが、夕刊を配りに来た少年を叱り付けていた。あんた、うっかりしちゃ困るよ、「青い山脈」を読み逃しちゃったじゃないのよ。どうやら少年は朝刊を八百屋の分だけ配り洩らしたらしかった。たった一回分読み落した事が、これだけの憤懣《ふんまん》の種となったのである。

当時の新聞は、用紙規制によって、原則として表裏二面刷り、ペラ一枚しかなかった。ぼくたちが見ている毎日朝夕刊合わせて五〇面以上、うんざりするくらいの情報がぎっしりと詰まった新聞とは、モノが違う。スペースの貴重さは、今とは比較にならなかっただろう。それなのに、そこに二段ぶち抜きの新聞小説を毎日掲載するというのは、ある意味、スペースの無駄遣いとも思える。

その無駄遣いをあえて行うところに、当時の新聞社にとって、新聞小説がいかに重要であったかが表れているのだろう。娯楽の少ない時代である。人気のある新聞小説が毎日掲載されることは、新聞社の販売戦略にとって、この上ない価値があったはずだ。そして、『朝日新聞』が敗戦前後の混乱の中で途切れていた新聞小説を復活させるにあたって、そのトップバッターとして選んだのが、石坂洋次郎の『青い山脈』であり、この小説は期待通り、大評判をもって迎えられたのである。

石坂洋次郎と『青い山脈』

石坂洋次郎は、一九〇〇年（明治三三）、青森県弘前《ひろさき》市に生まれた。弘前中学から慶應義塾大学へ進み、国文科卒業後、故郷に帰って教員となった。高等女学校や中等学校で教鞭を執るかたわら、小説を発表。特に一九三三年（昭和八）に『三田文学』に発表した『若い人』がセンセーショナルな評判を得て、作家としての地位を確立した。

一九四七年六月九日から連載が始まった『青い山脈』は、石坂の故郷、津軽を思わせるある地方の高等女学校が舞台である。ある日、主人公の女学生、寺沢新子のもとに一通のラブレターが届く。しかし、それが級友たちのいたずらであると直感した彼女は、東京の女子大を卒業したばかりの新任英語教師、島崎雪子に相談する。

島崎雪子は、この「にせラブレター事件」の中に、陰湿なものを感じ取った。にせラブレターを書いた女学生たちは、学校の風紀を守るため、少々発展的なところのある寺沢新子を懲らしめようとしてやったのだと主張する。しかし、「日本人のこれまでの暮し方の中で、一番間違っていたことは、全体のために個人の自由な意志や人格を犠牲にしておったということです」と考える島崎雪子にとって、それは戦前の日本に巣食っていた封建的な考え方以外の何ものでもない。彼女から見れば、にせラブレター事件は個人の自由に対する抑圧であり、民主主義の根幹にかかわる大問題だったのだ。

かくて物語は、この田舎町を支配してきた封建的な勢力と、新時代を担う民主的な勢力との対決へと発展していく。そしてもちろん、紆余曲折はあるものの、最終的には後者の勝利が高らかに歌い上げられることになるのだ。

時は「民主化ブーム」の真っ盛りである。この小説は、軍国主義から解放されたばかりの人々にとって、「民主主義の教科書」として読まれた。そこに、成功の鍵があったことは間違いない。そして石坂洋次郎は以後、「民主的」な若者たちの姿を描いた青春小説を次々に発表し、その多くが映画化され、大衆作家として一時代を築くのである。

さて、この『青い山脈』の中に、次のような場面がある。

私のヘン人・新子さま

にせラブレター事件は女学校の理事会で取り上げられ、その席上、問題のラブレターが読み上げられることになった。読み上げを命じられた国語・漢文科主任の岡本先生は、「これは何分にも重要書類でありまするので、一字一句、原文のままに読みまする」と断った上で、次のように朗読を始めた。

「――ああ、ヘンすいヘンすい私のヘン人・新子様。ぼくは心の底から貴女をヘンすておるのです……」

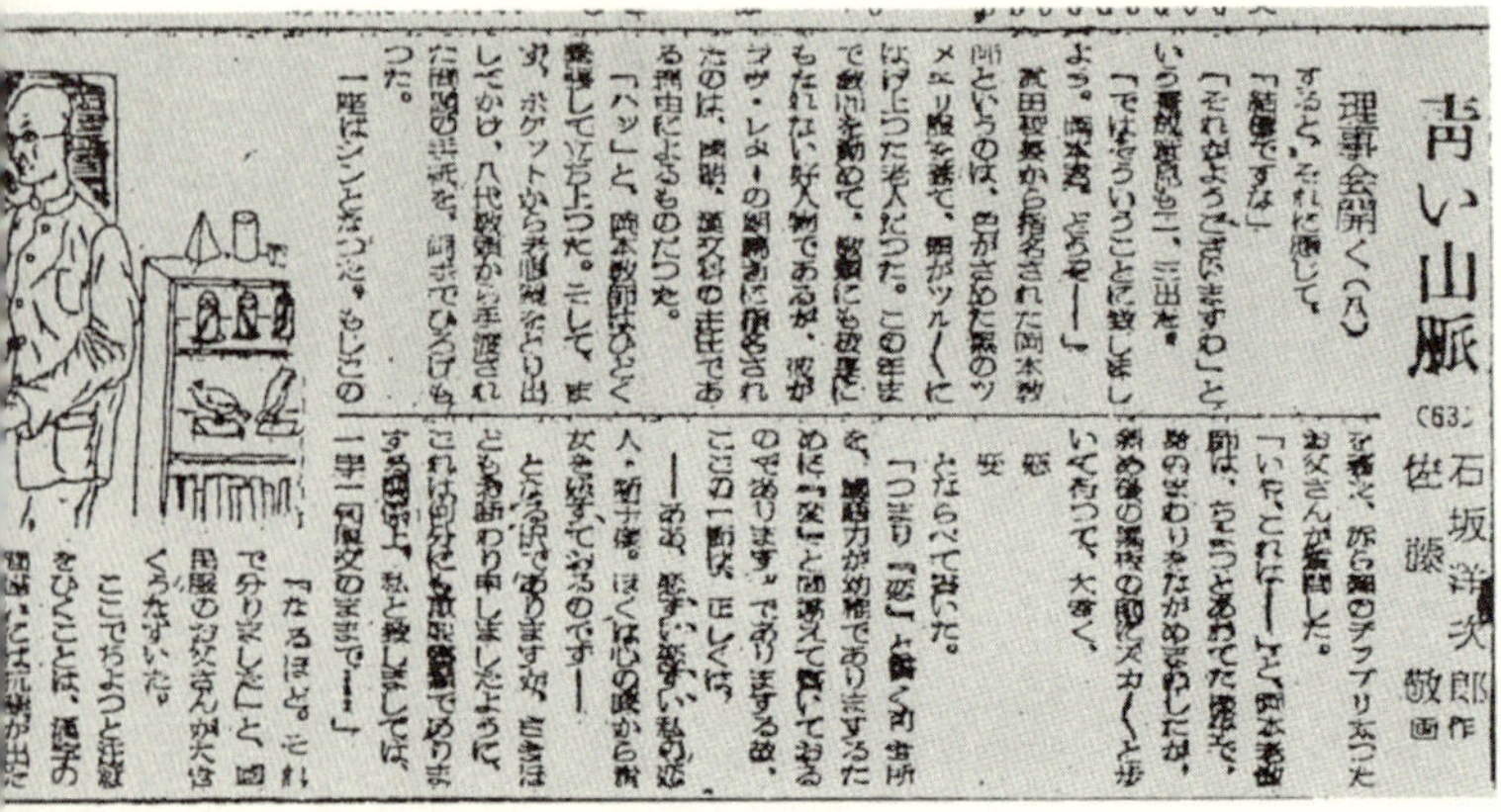
青い山脈（63）
石坂洋次郎作
佐藤敬画
理事会開く（八）

すると、それに応じて、

「結構ですな」

「それがようございますわ」という賛成意見も二、三出た。

「ではそういうことに致しましょう。岡本君、どうぞ──」

武田校長から指名された岡本教師というのは、色がさめた紺のツメエリ服を着て、頭がツルツルにはげ上った老人だった。この年まで教諭を勤めて、

「ハッ」と、岡本教師はひどく緊張して立ち上った。そして、まず、ポケットから老眼鏡をとり出してかけ、八代校長から手渡された問題の手紙を、両手でひろげもった。

一座はシンとなった。もしこの

を着た、赤ら顔のデップリ太ったお父さんが質問した。
「いや、これは──」と、岡本老教師は、ちょっとあわてた様子で、身のまわりをながめまわしたが、斜め後ろの黒板の前にズカズカと歩いて行って、大きく、
恋
変
とならべて書いた。
「つまり『恋』と書くべき所を、国語力が幼稚でありまするために『変』と間違えて書いておるのであります。」であります故、ここの一節は、正しくは、
──ああ、恋しい恋しい私の恋人・新子様。ぼくは心の底から貴女を恋しているのです──
となる訳であります。

図３　新聞連載時の『青い山脈』（『朝日新聞』1947年８月11日付朝刊）

「あっと、岡本先生。そのヘン、ヘンというのは英語ですかな。フランス語ですかな」と、国民服を着た、赤ら顔のデップリ太ったお父さんが質問した。

「いや、これは──」と、岡本老教師は、ちょっとあわてた様子で、身のまわりをながめまわしたが、斜め後ろの黒板の前にズカズカと歩いて行って、大きく、

恋

変

となならべて書いた。

「つまり『恋』と書くべきところを、国語力が幼稚でありまするために『変』と間違えて書いておるのであります」

『青い山脈』について語ったものを読むと、こ

の場面のことがよく出てくる。最初に引用した高井有一のエッセイにも、このシーンが学校で繰り返し話題になったと記されている。しかし、この場面をそれほど有名にした功績は、むしろ映画に帰すべきであろう。

この小説は連載中から映画化が企画され、三社競合の結果、東宝が映画化権を獲得した。監督は今井正、主役の寺沢新子には新人の杉葉子、島崎雪子には大スター原節子というキャストで作られた映画が公開されたのは、連載終了から一年半後の一九四九年（昭和二四）七月一九日のことである。

映画『青い山脈』は、小説よりもさらに大きな反響を呼んだ。映画館の前には観客が行列を作り、封切り二週間で五〇〇万人の観客を動員するという、すさまじいばかりの大ヒットを記録したのである。こうして『青い山脈』は、敗戦直後の時代を生きた人々にとって、一つの社会現象として記憶される作品となったのだった。

映画の中でも、いま引用した場面はそっくりそのまま映像化され、岡本先生役の藤原釜《かま》足《たり》のとぼけた演技もあって、観客の爆笑を誘った。「恋」を「変」と書き間違えるというジョークは、当時、数百万人の人に支持されたのである。

笑われた論語読み

ここでぼくは、ある川柳を思い出す。『誹風柳多留拾遺《はいふうやなぎだるしゅうい》』第二篇に一七六二年（宝暦《ほうりゃく》一二）の作品として収録されている、「論語よみ思案の外《ほか》のかなをかき」という川柳だ。

「論語読み」とは、「論語読みの論語知らず」で知られるように、江戸時代、漢学塾の先生をしていた漢学者のこと。「思案の外のかな」とは、今でいう「恋は盲目」と似たような意味のことわざ「恋は思案の外」を踏まえたもの。つまり、ふだんは漢字ばかりの文章を読んでいるお固い論語読みだって、恋文を書くときはひらがなだ、というのが、この川柳の一般的な解釈となる。

でも、この川柳にはもう少し狭い解釈もあるようだ。そしてぼくは、そちらの解釈により心惹かれるのだ。それは、「思案の外のかな」とは「恋」という漢字そのものをひらがなで書くことであり、この川柳は、論語読みは「恋」という漢字を書けないだろうと揶揄《やゆ》しているのだ、という解釈である。

実際、「恋」という漢字は『論語』には出てこない。四書五経《ししょごきょう》と呼ばれるその他の儒教の経典にも、いっさい出てこない。つまり、おのれの職業に閉じこもっている限り、論語読みは「恋」という漢字に出会うことはないのである。この川柳は、儒教の経典の世界に閉じこもりがちで融通の利かない儒学者たちを風刺した句だ、と考える方が、よりおもしろいのではないだろうか。

ただし、このおもしろさが成立するためには、また別の条件が必要である。むずかしそうな本を読んでいるくせに、あんな字も知らないのか、と論語読みを笑いものにするためには、笑う本人たちが、「恋」という漢字を知っていなければならないのだ。

恋という漢字も知らないなんて

そのことは、『青い山脈』についても同様である。先に引用した場面の直後、石坂洋次郎は、次のように筆を進める。

「しかし、あれですなあ。恋という字も知らないなんて、戦時中に勉強ができなかったせいもあるでしょうが、まず、心細い話ですな——」

こう嘆いたのは、柳屋という醬油《しょうゆ》屋の主人だった。

「ホッホッホ。柳屋さんなど、若い時は、恋という字を筆がチビれるほど書いたんでございましょうからな」と、ひやかしたのは、宝屋という旅館のお上《かみ》さんで、その太った身体《からだ》と、世話好きと、雄弁とで、町の婦人界に重きをなしている人物だった。

みんなクスクス笑いだした。

「ええ書きましたとも」

柳屋のご主人にしろ、宝屋のおかみさんにしろ、彼らが「自分は『恋』という漢字くらい書ける」と思っていることは明らかであろう。そして、読者や観客も、彼らの側に立っているからこそ笑うのである。もちろん、中には人知れず冷や汗をかいている人もいたことだろう。とはいえ、数百万人の読者・観客の大多数が、柳屋さんや宝屋さんと同じ意識を共有していたに違いない。

つまり、「恋」という漢字は、それほど簡単な漢字なのだ。みんなが知っていておかしくない漢字なのだ。それは今だって、同じだろう。ぼくたちのうちの大多数は、「恋」という漢字くらい、書けて当たり前だと思っているはずだ。

しかしここで、ぼくは一つの疑問を抱くのだ。

ぼくたちは、いったい、いつどこで「恋」という漢字を覚えたのだろうか。

何をバカなことを、とおっしゃるかもしれない。そんなの学校に決まってる、国語の時間に、いやというほど漢字の書き取りをやらされたじゃないか、と。

たしかにその通りである。ぼくたち日本人は、子どものころ、いやになるほどに書き取りをさせられる。その時間数は、膨大なものだ。そのことは、明治以来、さまざまな人々が指摘してきたことであって、プロローグで取り上げた『読売報知』の社説も、その一つだったのだ。

恋は教えられない

たしかにぼくたちは、かなりの時間を漢字の勉強に捧げてきた。しかし、ぼくがいま問題にしたいのは、「恋」の一字である。それほどまでに時間を費やして行われてきた漢字教育の中に、「恋」は含まれていたのか、いないのか。

ここで、小学校の国語教科書の中でどのような漢字が取り上げられてきたのかを、高梨信博「小学校学年別配当漢字の変遷表」によって見てみよう。

まず最初は、一九〇〇年（明治三三）の「小学校令施行規則」である。この規則には、「尋常小学校ニ於テ教授ニ用フル漢字」の範囲を定めた漢字表が付載されていて、拘束力はないものの、おおむね、国語教科書はその範囲で作られたようだ。この漢字表の中に、

「恋」は含まれていない。

一九〇四年に教科書は国定となり、以後、いわゆる「国定教科書」の時代が一九四九年（昭和二四）まで続く。その間に用いられた小学校の国語教科書は、時代とともに移り変わりつつ六種類に及ぶのだが、そのいずれの教科書においても、やはり「恋」は取り扱われてはいないのである。

ぼくたちが現在、当然のごとく享受している小学校六年間・中学校三年間という、いわゆる六三制の義務教育が始まるのは、一九四七年のことである。それ以前は、義務教育といえば尋常小学校（戦時中は国民学校）の六年間のみであった。

尋常小学校を卒業した後、勉学を続けたければ、男性なら中等学校、女性なら高等女学校へ進む道があった。しかし、一九四六年に日本の教育の実態を調査した、アメリカの教育使節団の報告書によれば、当時の子どもたちの八五％は、尋常小学校のみで教育を終えたのである。そして、その尋常小学校において、「恋」という漢字は、教えられることはなかったのである。

恋を覚えるとき

『青い山脈』に話を戻そう。例の理事会で、柳屋のご主人や宝屋のおかみさんから生徒の国語力低下を指摘された岡本先生は、弁解して次のように述べる。

「ただ今、国語力の低下うんぬんのお話が出ましたが、それとは別に、私は平素、性に関する汚らわしい熟語はなるべく生徒に教えないような方針をとっているのでございます。これは私が、どの学課も生徒の人格を高めるのが、究極の目的であろうと信じているからでございます……」

彼によれば、原因は国語力の低下にあるのではない。そもそも、小学校のみならず、高等女学校でも「恋」という漢字は教えないのだ。

もちろんこれは小説の中での話であるから、どれほど一般性があるのか、わからない。しかし、作者の石坂洋次郎が、中等学校や高等女学校で長年、国語の教師をしていたことを考えれば、あながち、的外れな発言でもないだろう。

小学校でも教えない、中学校や高等女学校でもなるべく教えない。それでも、柳屋のご主人も宝屋のおかみさんも、「恋」という字を知っていた。江戸時代の川柳作者たちも知っていれば、もちろん、ぼくたちだって知っているのである。

それは、どうしてなのだろうか。

濃淡の差はあるだろうが、ぼくたちはたいてい、人生のある時期、恋を覚える。恋物語を読み、おませな友人がまず恋をし、そうして自分が恋をする。そんな経験をいくつか積み重ねるうちに、いつのまにか、「恋」という漢字を自然と覚えてしまうものなのだ。

それはつまり、ぼくたちは教育という枠組み以外のところで漢字を覚えることがある、ということを示しているのではないだろうか。

疎外される恋

日本人は漢字の習得のために測り知れない努力を強いられる。けれども残念ながら、小学校六年間の努力ぐらいでは、十分な漢字力は身に付かない。より上級の学校に進むだけの経済的余裕がある人間だけが、漢字を使いこなすことができるようになり、さまざまな知識を獲得するチャンスに恵まれることになる。

そのことが、日本で健全な民主主義が発達するのを、妨げてきたのではないか。だとすれば、漢字を廃止してしまうか、少なくともその使用を制限すべきだ……。

そのような考え方の下に制定されたのが、「当用漢字表」であった。しかし、この表に掲げられた一八五〇字という漢字の数は、プロローグで見たように、あくまで妥協の結果でしかなかった。漢字の廃止を主張する人々からすれば、当用漢字の数は、少なければ少ないほどいいのだ。

そこで、一九四八年（昭和二三）二月一六日、こんどは八八一字からなる「当用漢字別表」が制定されることになった。これは、その前文によれば、「当用漢字表の中で、義務教育の期間に、読み書きともにできるように指導することが必要であると認めたもの」であった。いわゆる「教育漢字」である。

「恋」は、当用漢字一八五〇字の中には選ばれたが、教育漢字八八一字には入らなかった。「恋」は知識獲得のためには必要ないと判断されたのである。

ちょうど同じころ、人々は『青い山脈』に熱狂していた。そして、その中で語られる

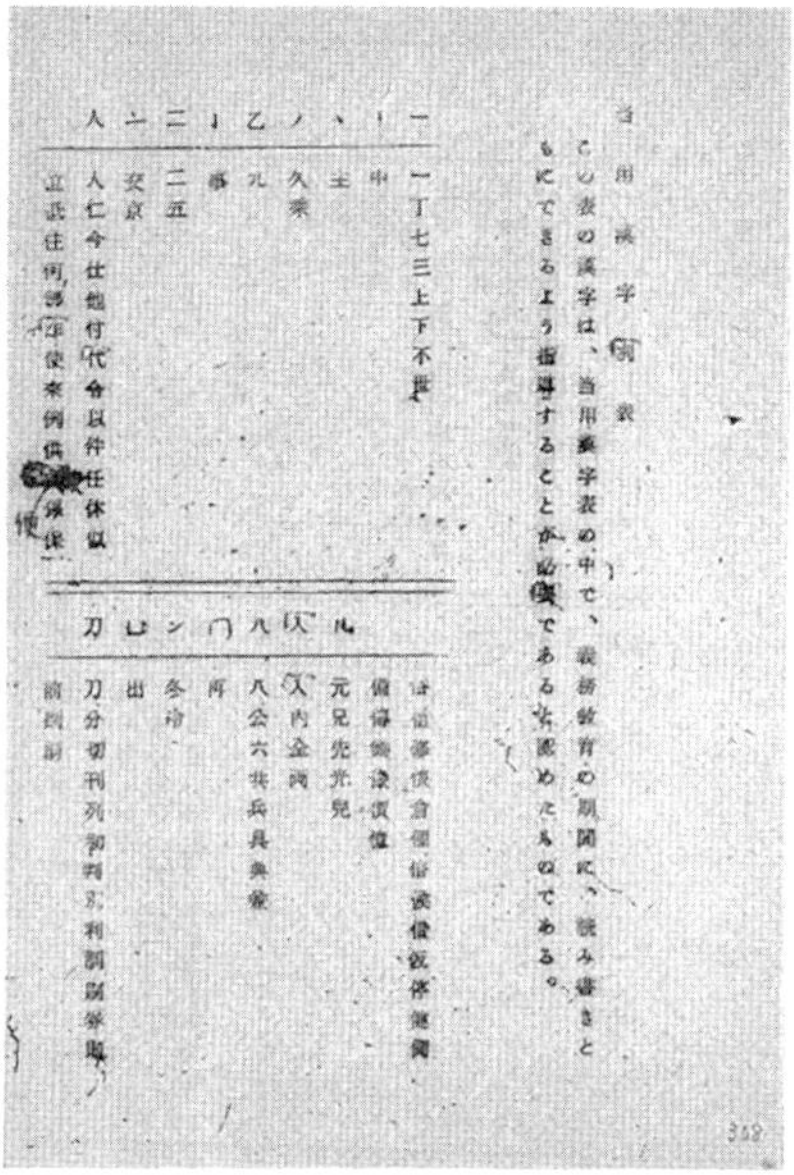
当用漢字別表

この表の漢字は、当用漢字表の中で、義務教育の期間に、読み書きともにできるよう指導することが必要であると認めたものである。

図4　「当用漢字別表」(国立公文書館所蔵)

「恋」を「変」と書き間違えるというジョークに、大笑いしていたのである。いかに教育から疎外されようが、「恋」は人々の生活の中にあったのである。

当用漢字と現実の漢字

当用漢字という制度は、民主主義を妨げるものとして漢字を捉えるという思想のもとに構築された。しかし、『青い山脈』を見ればわかるように、人々の生活の中にごく自然に入り込んで、しっかりと息づいている漢字もあるのだ。そのような漢字まで、枠の外へ追い出そうとする必要があったのだろうか。

かたや、「恋」を教育の外へ追い出そうとする「当用漢字別表」。

かたや、「恋」をネタにして庶民の笑いを誘う『青い山脈』。

この両者が描き出す漢字の姿は、鮮烈なまでに対照的だと、ぼくは思う。当用漢字という思想が見ている世界と、現実の漢字の世界との間には、字数の比較などでは測り知ることのできない、大きな落差があったのだ。

当用漢字という制度は、「民主化」という大義名分の下、一時の窮屈は我慢しよう、という考え方とともにスタートしていた。しかし、この大きな落差を考えれば、その「窮屈」は「一時」ということばで済まされるようなものではなかったはずだ。

映画『青い山脈』が公開された一九四九年（昭和二四）七月は、戦後史の上で特別な月

図5　下山事件（死体発見場所での検証風景、共同通信社提供）

である。六日には国鉄の下山総裁が死体となって発見される「下山事件」が起こり、一五日には、東京の三鷹駅で無人列車が暴走するという「三鷹事件」が起こった。これらの怪事件は、やがてレッド・パージと呼ばれる共産主義者に対する弾圧へと連なっていく。

その背景には、アメリカの占領政策の方針転換があった。このころ、国民党と共産党が内戦を繰り広げていた中国では、共産党の勝利が決定的になりつつあった。東アジアでも、資本主義と共産主義の対立が鋭さを増していたのだ。そのためアメリカは、日本を「共産主義に対する防波堤」としようとした。戦後民主主義は、現実の国際情勢を前にして、後退を余儀なくされたのだ。

同じように、国語の「民主化」を目指して出発した当用漢字も、いずれ、現実という壁に突き当たらないはずはないだろう。ただそれは、戦後民主主義とは逆の形で現れることになるはずだ。なぜなら、漢字の場合、自由なのは現実であって、不自由を強いるのが当用漢字という制度だからだ。

『青い山脈』の「恋」をめぐるエピソードは、そんな衝突がほどなく生じるであろうことを、十分に予感させるものだったのである。

新聞題字問題

新

フクドンブリケンとはけしからぬ！

JR福井駅を降りて、北西に二、三分歩くと、ゆったりとしたお濠《ほり》に囲まれた端正な石垣が目に入ってくる。越前《えちぜん》松平家六八万石の居城、福井城跡である。明治維新後、建物は解体されてしまい、往時をしのぶよすがといえばお濠と石垣しかないのだが、この地は今でも福井県の行政の中心である。城跡には福井県庁が建っているからである。

お濠を渡って県庁へと通じる橋を、御本城橋という。一九五三年（昭和二八）七月のこと、ある市民が、この橋のたもとに建っている県庁の掲示板の上部に、妙な漢字が書かれているのを発見した。本来なら「福井県」と書かれているべきところが、「福丼県」となっているのである。

一般人の感覚では、「丼」は「い」であって、「丼」はどう見ても「どんぶり」である。そこでこの人は早速、「フクドンブリケンとはけしからぬから書き直せ」と県へ申し入れた。ところが県は、「書体によっては〝丼〟とも書きます」と返事してきた。この人がびっくり仰天したのは、言うまでもない。

この一件は、まず七月二三日付の『朝日新聞』福井版で取り上げられ、ついで七月二六日、同紙全国版朝刊の「お国だより」欄に「〝丼〟と〝井〟は同じか」というタイトルで紹介された。そして、三日後の二九日付同欄では、この記事に対して書家、漢学者などから多数の投書が寄せられたと報告されている。彼らは口を揃えて、「井」と「丼」とは本来、同じ意味だと説明した。紀元前三世紀、中国初の統一王朝、秦《しん》の時代に制定された篆《てん》書《しょ》と呼ばれる書体では「丼」と書いていたものが、その数百年後から使われるようになった行書《ぎょうしょ》や楷書《かいしょ》では「井」と書かれるようになったというのである。

もう一つのフクドンブリ

『朝日新聞』福井版に掲載された写真で見ると、この掲示板の上部に書かれた漢字は、確かに篆書だ。したがって、「丼」でいいことになる。とはいえ、二千年以上も前のそんな古い書体を使うのはやはり非常識だ、

図6　福井城墟碑（1900年建立）

という意見もあるだろう。ところが、そうとも言い切れないのだ。

現在、福井城跡の御本城橋のたもとには、県庁の掲示板の他にもう一つ、石碑が立っている。一九〇〇年（明治三三）に建てられたというこの石碑の頭の部分には、図6の写真のように、大きく「福井城墟《きょ》碑」という漢字が刻まれている。そして、この漢字もまた篆書であり、当然のように「井」は「丼」となっているのだ。石碑などの題字が篆書で書かれることは、かつてはよくあった。県庁の掲示板の篆書も、その流れを汲むものだったのだ。

掲示板の「福井県」を問題にしていた人々が、そのすぐ近くに立っている石碑をよく見ていれば、「丼」にもそれ相応の歴史があることに思いが至ったはずだ。しかし、彼らの視野には石碑のことなど入ってはいなかった。福井城墟碑が建てられてからこの時に至るまでのほんの五〇年ほどの間に、人々は、篆書のことなど忘れてしまったのである。

七月二九日付の「お国だより」は、篆書では「丼」を「丼」と書くことは認めながらも、「しかし制限文字に混乱を与えない意味で書き直した方がよいとする主旨が多いようです」とコメントしている。こうした議論の結果、この掲示板の文字が書き直されたのかそうでないのかは、定かではない。しかしこのちょっとした騒動は、ある知識人に注目されたことによって、さらなる展開を見せることになるのである。

太平の世の珍事

その知識人の名は、林達夫という。一八九六年（明治二九）に生まれ、戦前は岩波書店の雑誌『思想』の編集に携わり、戦後は平凡社の『世界大百科事典』の編集長を務めた評論家、歴史家である。

彼は、文藝春秋新社（現在の文藝春秋）の雑誌『文学界』九月号に「新聞について」という文章を書いて、七月二九日付「お国だより」を取り上げた。九月号といえば八月上旬の発売であるから、校了はどんなに遅くとも八月初めであろう。電光石火の早技である。

林はまず、「戦後、当用漢字、新体漢字、現代かなづかいを率先して採用し、その普及と確立とに大童《おおわらわ》になってきたのは、われわれの新聞でありましょう」と書く。

けれどもそのように国語改革に熱を入れている当の新聞が、自分の標識というか名札というか、その正式のネームを表示する大切な場所で、わざわざ「新聞」とシンの字の扁《へん》を普通のように立木とせずに立未としているのには、どういう魂胆があるのでしょうか。

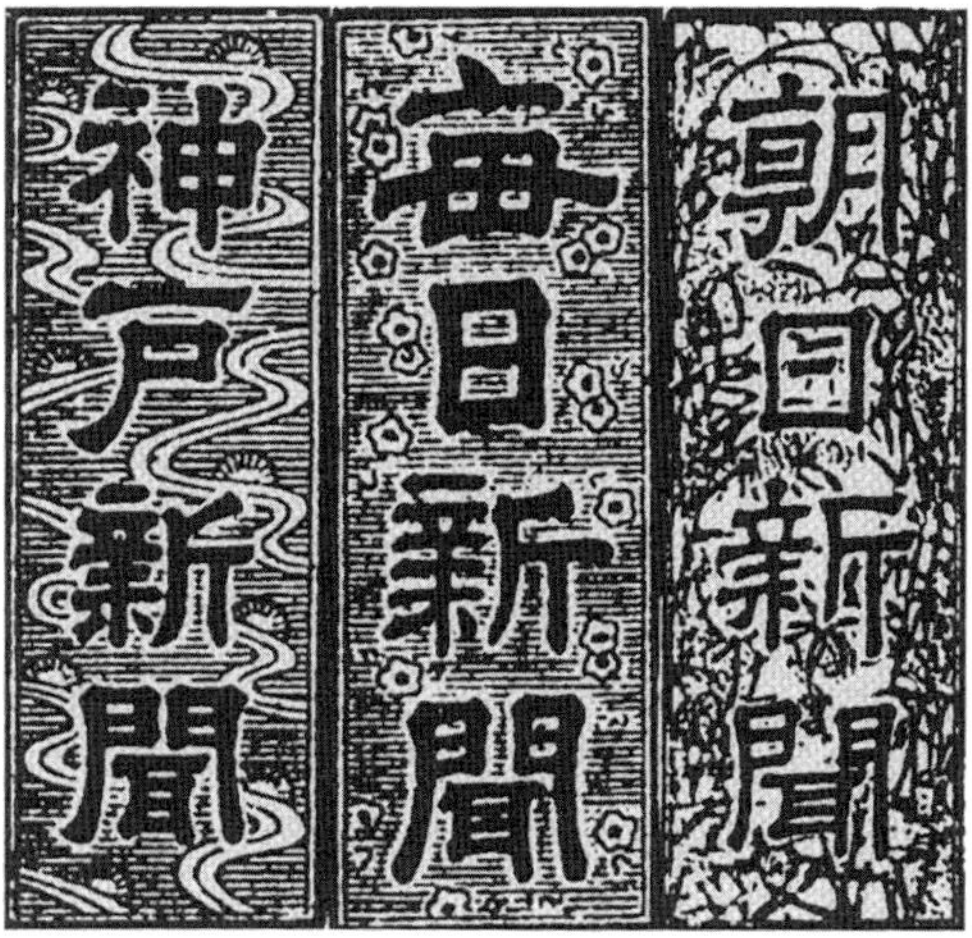

図7　さまざまな新聞の題字

林が嚙みついたのは、『朝日新聞』の題字である。図7に掲げた、「朝日新聞」の「新」をよく見てほしい。その左半分が、彼の言う通り「立木」ではなく「立未」となっていることがおわかりいただけるだろう。

林に言わせると、この漢字は「ありふれた漢和辞典などでは見かけたこともない、一般の常識からは遠い」漢字だということになる。そして、この奇妙な文字に言いがかりをつける一人のウルサ型もおせっかいも登場を見ないということは、まことに昭代＝太平の世の珍事の一つと申さねばなりません。と痛烈な皮肉を放って、新聞の漢字制限を槍玉に上げたのである。漢字制限を尊重して「丼」を「井」に書き直すことを勧めるなら、まずは自分のところの題字を書き直せ、というわけである。

横棒が一本多い理由

たしかに、『朝日新聞』の題字の「新」は、一般の感覚からすれば奇妙な漢字である。しかし、そんな漢字を使うからには、それなりの理由があるのである。

林達夫「新聞について」が発表されてから二ヵ月足らず、一〇月一日付『朝日新聞』夕刊の「ことば」欄に掲げられた「題字の『新』」という文章は、林に対する朝日新聞社の反論と読むべきであろう。

あれは古い形の文字で、むろん誤りではありません。新は、もとはヘンだけの「辛」と「木」を重ねた形で、タキギ（薪）の意味でした。シンという音はこの「辛」から出ているのです。つまり「辛」は音を表わし、「木」は意味を表わしたのです。それが後になってツクリに「斤（オノ）」がつき、ヘンの一画がなくなったものです。

この説明は、字源学的にはまったく正しい。篆書では、「新」は図8のように書かれていた。その左半分はまさしく「辛」と「木」とを重ねたものであり、横棒が一本多い。しかし、漢字の書体は時代とともに、より書きやすく変化していく。まずは篆書が改良されて隷書《れいしょ》と呼ばれる書体が生まれ、隷書から、現在、ぼくたちが一般的に使っている楷書が生まれた。『朝日新聞』の題字は、このうちの隷書で書かれていて、「新」について言えば、隷書の段階では、まだ横棒が一本多く書かれることもあったようなのである。

にもかかわらず、一般読者に対しては、この説明では説得力がなかったのだろう。翌年の三月二六日、『朝日新聞』はまたこの問題を取り上げている。その書き出しは「『新』は間違いで『新』ではないかとよく質問がありますが」となっている。どうやら、林達夫の言う「ウルサ型」や「おせっかい」は、増殖を始めていたらしいのである。

図8　篆書体の「新」の字

悩まされる新聞社

「ウルサ型」や「おせっかい」に悩まされたのは、『朝日新聞』だけではなかった。同じく横棒が多い「新」を題字に用いている他の新聞にも、同様の投書が届いたのだ。
調べてみると、『朝日新聞』の「新」を問題にしたのは、実は林達夫が初めてではない。林の半年ほど前にも投書した人物がいる。そこで、新聞各紙に向けられたそういった投書の類を、時系列に沿って整理すると、次のようになる。

一九五二年
一月三〇日『朝日新聞』大阪版夕刊「ニュース問答」（松山市M氏）
一九五三年
八月上旬発売『文学界』九月号「新聞について」（林達夫）
一〇月一日『朝日新聞』夕刊「ことば」
一九五四年
三月一一日『毎日新聞』朝刊都内中央版「苦情のはけ口」（品川区の高校生）
三月二六日『朝日新聞』朝刊「読者応答室から」
六月二四日『神戸新聞』朝刊「読者と新聞」（姫路市G氏）
一〇月一日『毎日新聞』夕刊「ポスト」（千葉市S氏）

以上はぼくの目に入った範囲のものだから、まだまだ遺漏があるにちがいない。しかしこれだけでも、一九五二年から五四年にかけて、特に五三年後半以降、新聞題字の漢字が世間一般でふつうに使われている漢字とは微妙に違うことが、少なからぬ人々の間で問題になっていたと推測できるのではないだろうか。

新聞業界内部での議論

この問題は、やがて新聞界内部でも議論されることになった。

全国の新聞・通信・放送各社が自主的に組織した日本新聞協会という団体がある。この団体は、週に一回ずつ『新聞協会報』を発行しているのだが、一九五四年（昭和二九）一一月一日付の同報によれば、関西新聞用語懇談会常任幹事会の例会で、この問題が議論されたという。その例会が開かれたのは前月の二六日、大阪でのこと。口火を切ったのは、神戸新聞の橋本幹事であった。

彼は「中、高校生からの質問投書も多く、公共団体、公共機関などの会合でも度々この問題が持ち出されている」と言う。そして、協会加盟社の中で「新聞」の題字を持つ社すべてを調査してみた結果、ふつうの「新」を用いる社は三三社であったのに対して、横棒の一本多い「新」を用いる社が、なんと二七社もあったと報告している。

そして、「この際新の字は全国の新聞がすべて現用活字としての『新』とするように東西の用語懇談会として要望してはどうか」と提案したのである。議論の結果、この提案は東京で開かれる新聞協会用語懇談会へと送られることになった。

しかし、一一月一二日に開かれたその用語懇談会では、橋本幹事の提案は可決されるには至らなかった。その理由について、同月一五日付『新聞協会報』は、「題字は字でなくてデザインだ」という意見があったからだと伝えている。

かつては、書籍の装丁や店舗の看板などには、よく、篆書や隷書が使われた。少なからぬ新聞の題字が「新」の字を用いているのは、そのことに由来する。その意味で、隷書による題字はたしかにデザインである。しかし、時代が下るにつれて、篆書や隷書についての知識は、一般の人々からは忘れ去られていったのである。

人々が新聞の題字の字体に違和感を持つようになったのには、そんな事情があったのだろう。しかし、それではなぜ、一九五〇年代前半というこの時期に、その違和感がまとまって社会の表面に出てくることになったのだろうか。

そのことを考えるために、この時期、当用漢字という制度が現実の生活にどのように浸透していったかを、眺めてみることにしたい。

当用漢字字体表の制定

当用漢字という制度は、使用する漢字を一八五〇種類に制限しようという試みであった。そうすることによって、たとえば「八紘一宇」のような、意味がはっきりとは伝わらない漢語を排除するとともに、知識獲得の障害となる漢字学習の負担を軽減しようというのである。

しかし、漢字の数を制限しただけでは、問題は解決しない。漢字の中には、たとえば「島」と「嶋」、「略」と「畧」のように、同一の意味を表しながら複数の字体が存在するものがある。これを放っておいては、一八五〇字の漢字が、その二倍にも三倍にもふくれあがりかねないのである。

そこで、当用漢字は、字体の統一を目指すことになった。この目的のために、一九四九年（昭和二四）四月二八日に制定されたのが、「当用漢字字体表」である。この表によって、当用漢字一八五〇字の一つ一つについて、字体の標準が示された。

このとき、従来は略字体とされていたものの中から、標準とすべき字体として採用されたものもあった。たとえば、「發」であったものを「発」に、「屬」を「属」に、といった具合である。その意図は、字体を簡略化することによって、この面からも学習の負担を少なくしようとするところにあった。この簡略字体を「新字体」といい、それ以前の字体を

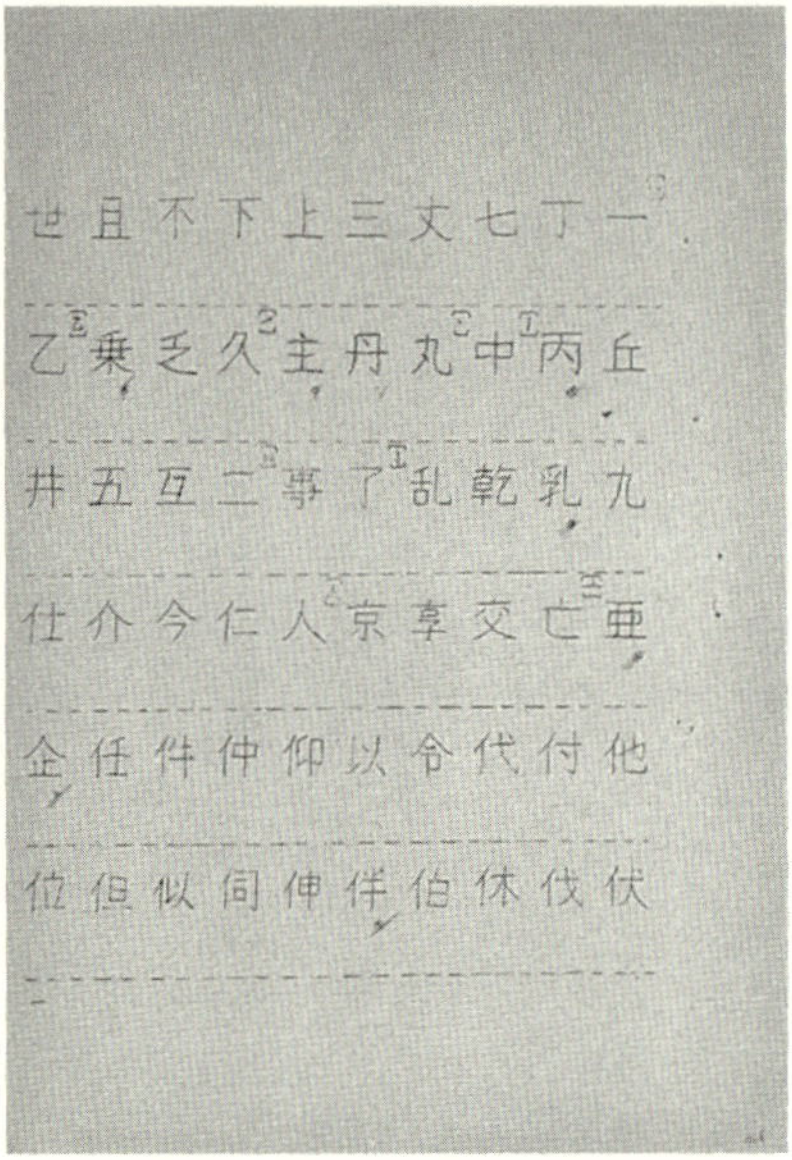

図9　「当用漢字字体表」（国立公文書館所蔵）

「旧字体」という。前節「『青い山脈』の恋」で取り上げた「恋」「変」も、旧字体で書くならば「戀」「變」である。

ところが、この新字体が厄介な問題を引き起こすことになった。「当用漢字字体表」が定められたからといって、すぐさま新字体が世間に流布したわけではなかったからである。この表に従って活字を作り変えるには、それなりの時間と経費とが必要だったのだ。

そのあたりの事情をよく物語っているものに、一九五一年（昭和二六）一月二七日付『朝日新聞』朝刊の「声」欄に掲載された、群馬県の教員S氏からの次のような投書がある。

新聞だけはたよりになる

このごろしみじみと困ったと思うことは、学校では教育漢字を使って学習を進めているのに、まだ社会の相当部分が昔のままの文字を使っており、そこに大きな混乱を来していることである。（中略）町の印刷所に生徒用の刷り物を頼んでも、旧式の活字しかなくて困ることが多い。

S氏は続けて、今のところたよりになるのは新聞だけだ、と言う。新聞だけが学校で教えるとおりの活字を使っている、と。

前節で述べた通り、戦中から敗戦直後にかけての新聞は、原則二面しかなかった。用紙の配給制限があったからである。そこで情報量を増やすため、活字を小さくして一八段組にしていた。それがこのころになると、配給制限がやや緩和され、一九五〇年からは朝夕刊という方式が復活し、一九五一年からは、毎日ではないものの朝刊に四面を使えるようになる。

紙面に余裕の出てきた新聞各社は、活字を少し大きくして一五段組に変更することになった。一八段組用の本文活字は、小さくて読みにくかったのである。多くの社が一五段組に切り換えたのは、一九五一年一月一日のことであった。

時は活版印刷の時代、活字を大きくするためには、その母型から全て作り直さなくてはならない。そこで、新聞各社はこれを機に、本文の活字を一新することになった。新しい活字は、もちろん「当用漢字字体表」準拠である。S氏が新聞だけはたよりになる、と感じたのには、このような背景があったのである。

新聞活字の泣きどころ

しかし、教員S氏の信頼を勝ち得た新聞にも、実は泣きどころがあった。それは、全面的に新しい活字に変わったのは本文用の活字だけで、大きさ、太さや書体が異なる見出し用の活字にまでは、なかなか手が及ばなかったことである。

この泣きどころを突いてくる投書も、もちろんあった。新活字の使用が始まってわずか一〇日目、『毎日新聞』一九五一年（昭和二六）一月一〇日付朝刊の「投書」欄に掲載された、静岡県の学生S氏の投書である。こちらのS氏は、新聞各社の記事に使用されている新活字のほとんどが当用漢字準拠なのはとてもよい、とした上で、次のように述べる。

しかしながら、なお改めてほしいのは、見出しの字体がまちまちで、旧字体のまま使われていることが多い点です。例えば記事の中では当用漢字の『国』とあるのに、見出しでは旧字体の『國』です。

その状況は、なかなか変化しなかった。新活字の使用開始から丸二年近くが過ぎた一九五二年一〇月一四日付『毎日新聞』朝刊の「投書」欄には、群馬県の中学生T氏からの同趣旨の投書が掲載されている。同社の紙面調査研究室の答えによると、当時の『毎日新聞』は一四種類の活字を用いていたようだ。そして、その全てを「当用漢字字体表」に合わせて作り変えるのは、一朝一夕には不可能なことだったのである。

字体の二重生活

一九五一年（昭和二六）一月一日、多くの新聞の本文用活字は、「当用漢字字体表」に準拠したものに変わった。これまでに見てきた投書から判断すると、多くの人々にとって、新字体を実体験するのは、このときがほとんど初めてのことだったであろう。

ところが、このとき、新聞の見出し用活字には、まだ旧字体が残されたままだった。さらに、新聞を離れると、そこにはまだまだ「当用漢字字体表」の力の及ばぬ世界が広がっていた。人々は、いわば字体の二重生活を強いられることになったのである。

新字体と旧字体の違いは、「広」と「廣」だとか「応」と「應」のような、はっきりしているものばかりではない。「半」と「半」だとか「者」と「者」のように、微細なものもあるのだ。明らかな違いは、誰にだってわかるから、おもしろくもなんともない。それよりも微妙な違いの方が、ぱっと見にはわからないだけに、かえって人の気を惹くものだ。字体の二重生活を送っているうちに、ある種の人々は、こういった微細な字体の違いに、目覚めていったのではないだろうか。

ぼくは、一九五二年から五四年にかけて、新聞題字に関する投書が集中して現れる背景には、このような、人々の字体に関する目覚めがあったのだと思う。そしてその目覚めは、「当用漢字字体表」が示した「標準」と、それ以外の「標準でないもの」とを区別しながら意識するという形で訪れたのだ。

目覚める前は、「福井県」を見ても、点が一つ多いな、と思うくらいで、県庁までねじ込もうとは思わなかっただろう。「朝日新聞」に至っては、いちいち横棒の数など数えやしなかったのだ。でも、目覚めた後にこれらの漢字を見つめたとき、それは標準でないもの、是正されるべきものとして、国民の眼に映じたのである。

しかし、「丼」や「新」がそれなりの歴史を持っていたように、その標準でない字体たちも、漢字の長い歴史の中で生まれ、人々の生活の中で実際に使われてきた字体だったのだ。その字体を用いてきた人々にとっては、愛着のある、ただ一つの字体だったのだ。

新聞業界の人たちにとって、白紙の題字の字体は、まさにそういった字体だった。だからこそ、「当用漢字字体表」準拠の字体に置き換えることに、強いためらいを覚えたのではなかったか。

新聞業界は、日本語を誰にでも使える読みやすく書きやすいものとするため、当用漢字という政策に賛同した。「当用漢字字体表」も、当然のように真っ先に実践に移したのだ。しかし、それが白紙の題字の字体にまで及んできたとき、彼らは、自分たちでもどうしようもないジレンマに陥ることになったのである。

漢字の唯一無二性

『朝日新聞』を始め、多くの新聞は現在に至るまで、題字の字体を変更してはいない。『毎日新聞』は、やがて横棒の一本多い「新」をふつうの「新」に改めることになるが、それもずいぶん後、一九七八年（昭和五三）一月一日になってからのことである。新聞業界は、みずからの題字については、「当用漢字字体表」に従うことを拒否したのである。

ぼくはここに、漢字のとても重要な性格が現れていると思う。

漢字は文字であり、文字とは、音声言語を目に見える形に写し取ったものだ。つまり、音声によって伝えられることばを中心に見るとき、文字の形とは、その影でしかない。しかし時には、その影の方が重要な意味を持ってしまうことがある。ある形とともにそのことばを経験したことによって、形とことばとが切り離し不可能なほどに結び付き、そのことばを他の形で表現することに違和感を覚えるようになるのだ。

ぼくは、それを漢字の唯一無二性と呼んでいる。前節で見たように、漢字はぼくたちの生活に深く根を下ろしている。ぼくたちは、日々、生活の中で漢字を覚え、漢字を使いこなすようになっていく。ぼくたちは、無意識のうちに漢字に関する経験を積み重ねていくのだ。

そういう経験を通して、ある種の漢字は、時と場合に応じて、ある種の人々にとって唯一無二のものとなることがある。新聞社の人々にとっての自社の題字もまた、唯一無二のものだったのだ。

当用漢字という政策が直面したのは、まさに漢字のこのような性格であった。この性格は、経験の中から育ってくるものだから、その経験を共有していない人には理解されにくいものだ。だからこそ、この性格を圧迫することは、その個人なり団体なりの存在そのものを圧迫することにつながるのである。

当用漢字という制度に伴う「一時の窮屈」とは、端的には、ある種の漢字が使えなくなる、というだけのことだ。しかし、その内実を掘り下げていくならば、個人のアイデンティティを鋭く圧迫しかねないものだったのである。

郵政省改名騒動

東京タワーの建設

東京の代表的な観光名所の一つとして東京タワーを挙げることに、反対する人は少ないだろう。もちろん、「いまさら東京タワーなんて……」という気持ちは、ぼくにもないではない。でも、そういう気持ちを抱くこと自体が、東京タワーの存在感の大きさを示しているとも言える。東京タワーはそれほど有名であり、長い間、東京のシンボルの一つであり続けているのだ。

このシンボリックなタワーの建設工事が開始されたのは、一九五七年（昭和三二）六月二九日のことである。その目的は言うまでもなく、関東一円にテレビ放送を送信できる電波塔を建設することにあった。

ＮＨＫが日本初のテレビ放送を開始したのは、一九五三年二月一日。それから遅れること半年、八月には日本テレビが初の民間テレビ放送を開始する。とはいえ、一九五四年三月末段階でのＮＨＫテレビ放送の受信契約数は一万七〇〇〇足らず。テレビはまだまだ、一般民衆の生活からほど遠いものだったのである。

しかしその後、テレビは急速に普及していく。受信契約数は、翌一九五五年三月には約五万三〇〇〇、その一年後には約一六万六〇〇〇と、一年で約三倍ずつに増えていく。そしてさらにその一年後、東京タワーの建設が開始される直前の一九五七年三月には四一万九三六四にまで達していたのである。

世はまさに、「テレビの時代」へと突き進みつつあった。東京タワーの建設は、その幕開けを象徴するできごとであった。

ちょうどこのころ、一人の新進政治家が郵政大臣になった。田中角栄《たなかかくえい》である。

田中角栄登場

この有名な政治家について、多くを説明する必要はあるまい。一九一八年（大正七）に新潟県に生まれ、一九四七年（昭和二二）に行われた新憲法の下での初の衆議院選挙で、新潟三区から初当選。第一次岸改造内閣の下で郵政大臣になったのは、東京タワーの工事が始まった直後、一九五七年七月一〇日のことである。このときすでに、衆議院当選五回、在職一〇年。とは言え、三九歳での大臣就任は、戦後最年少であった。

田中が郵政大臣の任にあったのは、翌年の六月まで、わずか一一ヵ月にすぎない。その間の業績については、賛否両様に論じることが可能だろう。が、少なくとも一つ、時代に大きな影響を与える仕事をしている。それは、全国のテレビ局四三局に、一括して予備免許を交付したことである。

田中が郵政大臣になった時点で放送を開始していたテレビ局は、NHKの一一局を除けばわずか五局にすぎなかった。しかしこのころ、業界の急速な成長を受けて、テレビ局開局の申請が殺到していた。にもかかわらず、テレビ放送を管理する郵政省電波管理局は、技術的に時期尚早であるとして、免許交付に消極的であった。田中はそれを押し切って、NHK七局、民放三六局という、大量の予備免許を交付したのである。

東京タワーの電波が及ぶのは、関東地方のみだ。つまり、東京タワーが象徴する「テレビの時代」の幕開けは、関東地方に限定されていたのだ。郵政大臣田中角栄は、それを一挙に全国へと押し広げる役割を果たしたのであった。

田中角栄は郵政大臣になってから、ラジオ・テレビによく出演した。NHKラジオの人気番組「三つの歌」に出演して得意の浪花節《なにわぶし》を披露したのは有名な話だ。田中は、電波というメディアが持つ潜在能力に敏感だったのである。

そんな田中が、電波管理行政の機構を整備したいと考えたのは、不思議でもなんでもないだろう。そこで、彼は就任早々、郵政省設置法を一部改正する意志を表明した。

郵政省の機構改編

国会の会議録によれば、一九五七年（昭和三二）九月一二日に開かれた衆議院逓信《ていしん》委員会の閉会中審査小委員会で彼が披露した郵政省の機構改編構想には、四つのポイントがあった。その一つ目は言うまでもなく、電波監理局の機構を整備することであるが、二つ目は、電気通信監理官制度を電気通信監理局に改めることであった。

電気通信監理官というのは、電信電話を中心とした有線通信を監督する役職である。それを新たに電気通信監理局に編成し直したいというのは、その監督権限を強化したいということであった。その理由について田中は、「現在国有鉄道に対して運輸省が持っておる機構等と比べまして非常に弱体」であるからだと述べている。

三つ目は、官房長制度を設けることである。田中は、「現在の各省庁の中で官房長制度をとっておらないのは、たしか郵政省と文部省だけだと思うのでありますが、当然のこととして官房長制度を設けたい」と言うのである。

こういった田中大臣の説明に対して、東海大学の創設者でもある社会党の松前重義《まつまえしげよし》が放った一言は、痛烈である。

「ただいまの御説明によって一応想像してみますと、何だか官僚のポストを得んがための改正のような感じがするのであります」

たしかに、このときの郵政省の機構改編案には、そういう匂いがつきまとっていた。そして、そんな構想の上に、田中はもう一つ、一見ささやかな野望を積み重ねようとしていた。郵政省機構改編の四つ目のポイント、それは、「郵政省」という名称を「逓信省」に変更する、ということであった。

逓信省の歴史

「郵政省」という名前の役所は、敗戦後、一九四九年（昭和二四）に生まれている。ではそれ以前、郵便や電信電話などを管轄していた役所は何かというと、それが「逓信省」なのだ。

逓信省の誕生は一八八五年（明治一八）というから、その歴史は長い。一時期は、鉄道や船舶、航空までも管轄していたことがある。しかしその栄光の歴史も、戦時中に中断を余儀なくされた。一九四三年（昭和一八）、逓信省は鉄道省と統合されて運輸通信省とされてしまったのである。

戦後、一九四六年に逓信省は復活するが、その管轄に残されたのは、郵便と電信電話・電波行政のみであった。そしてさらに三年後の一九四九年、逓信省が分割されて生まれたのが、郵便を扱う郵政省と、電信電話・電波行政を扱う電気通信省であった。六〇年以上に及ぶ歴史を持つ逓信省は、ここに、姿を消したのである。

ところが一九五二年、電信電話事業は公社化されて日本電電公社（現在のＮＴＴ）と国際電電株式会社（現在のＫＤＤＩ）が生まれた。そして、それにともなって電気通信省は廃止され、電信電話事業の監督権と電波行政は、郵政省に移されたのである。

なんともややこしい話だが、とにかく郵政省は設置当初、旧逓信省の管轄事務のうち郵便事業のみを引き継いでいた。それが、一九五二年以降、旧逓信省と同じように、電信電話・電波行政をも管轄するようになったのである。

であるからして、「郵政省」という名前を「逓信省」に戻すのが筋ではないか、というのが、田中角栄をトップに戴く郵政官僚の言い分であった。

田中郵政大臣が、郵政省の機構改編構想を具体的な法案にまとめて国会に提出したのは、一九五七年（昭和三二）の年末から始まった、第二八通常国会でのことであった。年が変わって一九五八年の二月一一日、参議院の逓信委員会で、田中は法案の簡単な説明を行っている。

省名変更と復古趣味

ここでぼくが気になるのは、そのことを伝える同日付の新聞夕刊の見出しである。『朝日新聞』は「郵政省改め逓信省に」であり、『毎日新聞』は「昔どおり逓信省に」である。両紙とも、法案の本質である機構改編ではなく、名称変更に着目して、見出し作りをしているのである。

この郵政省設置法一部改正案は、国会の会期切れによって審議未了ということになった。そのことを伝える四月二六日付の『朝日新聞』朝刊の見出しは、「郵政省の呼び名変わらず」である。ここでも新聞が注目したのは、やはり名称変更の方であった。

このときの郵政省の機構改編案が、実質的な内容ではなく、名称変更の方ばかりで注目されたのは、どうしてなのだろうか。

ここで再び、国会会議録を見てみよう。たとえば二月一五日の衆議院予算委員会第四分科会では、社会党の田原春次が次のような質問をしている。

「なぜ一体逓信省に復活するか。これは大臣が浪花節なんかやって復古趣味だから復活したのじゃないかという気もするのですが、その理由を一つ聞かせていただきたい」

これに先立つこと二年半ほど前の一九五五年一一月、保守合同によって自民党が成立して、衆議院の議席数の六四％を独占する巨大保守政党が誕生していた。一九五七年八月には、ソ連が大陸間弾道ミサイルの実験に成功したと発表して、東西冷戦の緊張感はさらに増していた。時の総理大臣は、かつて「A級戦犯容疑者」とされた岸信介《きしのぶすけ》。戦後民主主義の時代は遠くへと過ぎ去り、その象徴であった日本国憲法の改正さえ画策され始めていた。そんな時代に発せられたこの「復古趣味」ということばに、単なる趣味以上の響きを聴き取ったとしても、それほど的外れではないだろう。

田中角栄自身は、このときのことを振り返って、『歴代郵政大臣回顧録』に「省の内外には、なんとかしてこの『郵政省』を歴史と伝統に輝く元の『逓信省』に復活したいという強い希望が存在した」と書き記している。郵政官僚にとって「逓信省」は、「歴史と伝統に輝く」古き良き時代を象徴するものだったのだろう。しかし一方で、あのころにだけは帰りたくないという人々も存在していたであろうことは、想像に難くない。

「逓信省」への名称変更は、日本の社会全体が戦前へと復古していくのかどうか、という問題と、オーバーラップして認識されていたのである。

しかし、新聞各社が省名変更にばかり注目したのは、それだけが理由ではない。一九五八年（昭和三三）一〇月七日の衆議院内閣委員会の会議録によれば、田中角栄が復古趣味を批判されて約二ヵ月後の四月九日に、新聞協会から衆参両院の内閣委員会委員長宛に、次のような内容の「郵政省の省名改称に関する要望書」が提出されたという。

〝逓〟の字は、昭和二十九年三月、国語審議会が当用漢字補正案を決定した時、当用漢字から削除されることにきまった文字であります。（中略）しかるに、今回郵政省は省名として〝逓信省〟を復活しようとしております。これは全く〝補正案〟を無視したもので、（中略）かかる国民大衆の生活から縁遠い漢字を〝国民の役所〟の省名として掲げる必要がどこにあるのでありましょうか。

当用漢字補正案

ここで、「当用漢字補正案」について説明しておく必要があるだろう。

前の「新聞題字問題」の節で見たように、新聞界はいちはやく、当用漢字による漢字制限を実施した。ところが実際にやってみると、予想されたこととはいえ、漢字制限にはいろいろと「一時の窮屈」がともなったようだ。そこで新聞各社は、やがて、当用漢字を一

図10　国語審議会の審議風景

部改正する必要があると、訴え始めるのである。

この訴えは、国語審議会の漢字部会で検討されることになる。そして、二年間、二六回に及ぶ議論の結果、一九五四年三月に開かれた国語審議会の総会で、結論が報告された。その内容は、当用漢字一八五〇字から、不要と思われる二八字を削り、必要と思われる二八字を加える、ということを主とするものであった。

しかし総会では、漢字部会の結論に従って当用漢字を改正するには至らなかった。議論の結果、「当用漢字表審議報告」という形で公表し、批判を求めるということになったのである。そして、新聞各社は、この報告を実験的に実施してみることになった。

この「当用漢字表審議報告」が、一般には「当用漢字補正案」と呼ばれているものである。そして、この「補正案」で当用漢字から削除することになっていた二八字のうちの一つが、「逓」だったのである。

新聞業界は、この「当用漢字補正案」を論拠として、「逓信省」への改名に反対したのである。

生活から縁遠い漢字

しかし、この論理には、若干、無理がないだろうか。「補正案」はあくまで案であって、国語審議会全体の結論ではない、という点は大目に見るとしよう。それでもぼくには、この論理に無理が感じられてならないのだ。

新聞業界は、「逓」を「国民大衆の生活から縁遠い漢字」だと言う。だから「逓信省」の復活は困るのだ、と。

でももし仮に、旧逓信省が、省庁改編の荒波をくぐり抜けて、「逓信省」という名前のまま存続していたら、国民は生活のさまざまな場面で「逓」に触れることがあったはずだ。つまり、逓信省がなくなってしまったから、「逓」は生活から縁遠くなり、だから「当用漢字補正案」で削除の対象になったとも言える。新聞業界の論理は、前提と結論とが逆になっていると見ることもできるのだ。

当用漢字という制度は、一つの思想であった。漢字を制限し、日本語を一般民衆にとって覚えやすく使いやすいものに作り変えていくことは、民主主義のために必要だ、という思想である。しかしこの思想は、現実に「一時の窮屈」を及ぼす。それを一番痛感したのは、日々大量の漢字を使う新聞業界であったろう。

そう考えれば、「当用漢字補正案」の向こうからは、理想と現実との板挟みになった新聞業界が、今にも悲鳴を挙げそうになっている姿が透けて見えてくるように思える。そんな彼らからすれば、郵政省の官僚たちが省名に「逓」という字を使おうというのは、あまりにも安直であり、民主主義への反逆とすら思えたことだろう。それが、新聞業界が「逓信省」に反対する真の理由だったのではないだろうか。

郵政官僚が「逓信省」という名前に固執するのは、はたから見れば単なる思い入れでしかない。逓信省が「歴史と伝統」に輝いていたとすれば、それは逓信省の仕事によってであり、名前によってではないはずだ。

しかし一方で、新聞業界が反対するのもまた、単なるこだわりでしかないのではないか。

「逓」は本来、「かわるがわる」「お互いに」といった意味の漢字でしかない。この漢字そのものが、反民主的な要素を持っているわけではないのだ。新聞業界の人々もまた、「当用漢字補正案」を通して、この字にそういうレッテルを貼ってしまっただけなのだ。

かくして、郵政官僚と新聞業界とは、それぞれにとって特別な意味を持つ漢字を挟んで対決することになった。それは、ぼくなりの言い方をすれば、「逓」という漢字の唯一無二性をめぐる攻防だということになる。

郵政官僚と新聞業界の対決

田中角栄の後を継いだ郵政大臣、寺尾豊は、一九五八年（昭和三三）秋に開かれた第三〇臨時国会で、改めて郵政省設置法一部改正案を提出した。

しかしこの国会は、岸内閣が提出した警察官職務質問法をめぐって荒れに荒れた。令状なしで警官が職務質問できるようにするこの法案は、戦前の警察国家への回帰を思わせた。そして、「デートを邪魔する警職法」などと批判され、野党および国民大衆から猛反対されたのである。結局、この法案は審議未了で廃案となったが、郵政省設置法一部改正案など、審議している場合ではなかったのだ。

「逓」という漢字をめぐる郵政官僚と新聞業界との間のバトルが本格化したのは、この年の年末から開かれた、第三一通常国会でのことであった。

先制パンチを浴びせたのは、寺尾郵政大臣の方であった。まだ法案の説明すらしていない、年明けの一月一三日の閣議で、寺尾は翌年度の「郵政省予算」を「逓信省予算」と改名することを提案し、了承を取り付けたのである。これは、これから動き出す国会で省名変更が可決されることを前提とした行動であった。

続いて一月三〇日、衆議院逓信委員会で、寺尾は郵政省設置法一部改正案の要旨説明を行った。この同じ日、新聞協会は衆参両院の内閣委員会委員長に対して、郵政省改名への反対を文書で申し入れた。新聞業界は、寺尾大臣の挑戦を受けて立ったのである。

国会でのバトルは、寺尾郵政大臣をトップとする郵政官僚に対して、新聞協会からの陳情を受けた野党社会党議員が質問をする、という形で行われた。しかし、与党自民党は衆議院の議席の三分の二近くを握っている。所詮、衆寡敵せずであった。

二月二六日の衆議院本会議で、郵政省設置法一部改正案は可決された。最終的には社会党も賛成に回ったというから、社会党自身、この問題をあまり大きくは考えていなかったのだと思われる。

しかし、新聞業界は必死であった。社会党だけに任せていては参議院も通ってしまう、という危機感から、紙上での一大キャンペーンを展開し始めたのである。

新聞業界、キャンペーンを展開

まず、衆議院本会議の当日には、『朝日新聞』朝刊の「天声人語」が、「妙な懐古趣味から、政府みずから漢字制限の趣旨をくずし、文字簡素化の道に逆行するのは間違っている」と断言。『毎日新聞』朝刊の「余録」は、この改称の背後に「威厳ばかりつけて喜ぶお役人根性」があるのだとしたら「決して小さなことと見逃せない」と言い、『東京新聞』は朝刊の社説でこれを取り上げて「懐古趣味というのか、復古思想というのか、逓信省の省名復活ぐらい下らない話はない」と切って捨てた。

翌日の一九五九年の二月二七日には、『毎日新聞』が朝刊に「なぜ〝逓〟にこだわる？国会の速記録に見る政府の考え方」という五段にわたる記事を掲載。『朝日新聞』も朝刊に「『逓信省』に改名案、衆院通る」という記事を掲載。サブの見出しとして「『時代に逆らう考え』〝ちょっと待て〟の声高まる」と付けた。朝刊ではほかに『東京新聞』の「茶ばしら」、さらに夕刊では『読売新聞』の「よみうり寸評」、『日経新聞』の「中外春秋」、『産経新聞』の「夕拾」がこの問題を取り上げて、「逓信省」への改名を批判した。

三月に入っても攻勢は続く。一日には『東京新聞』朝刊の「放射線」欄に佐古良二が「国会でこの案がきまったならばすべての新聞、雑誌はこぞってこの字をボイコットせよ」と書く。二日には同じ『東京新聞』の朝刊で、かつて首相も務めた社会党の大物、片山哲《かたやまてつ》が「懐古趣味のために、役所の名前を元に戻すなんていうことはおよそナンセンス」と一喝する。また、同日の『毎日新聞』の朝刊「投書」欄には、改名反対の投書が四通まとめて掲載された。

超ナンセンス"遞"の字
官僚の懐古趣味
片山哲氏語る
用語上も時代に逆行
中国でも使わない
官僚全盛時代の夢
片山哲氏
○取り出された古看板○

図11　改名に反対する新聞記事（『東京新聞』1959年3月2日付朝刊）

カナモジ（仮名文字）論者の中心人物、松坂忠則《まつさかただのり》が『朝日新聞』朝刊の「論壇」に登場して「名称だけ立派でも仕方がない」と書いたのは三月三日。四日には『中部日本新聞』（一九六五年に『中日新聞』に改題）朝刊「発言」欄が「郵政省の改名に反対」という投書を載せ、七日の『東京新聞』夕刊には小説家の阿川弘《あがわひろ》之《ゆき》が引っ張りだされて、「こういう逆もどしの好きな政治家たちの、そのセンスに疑問を感ずる」と表明している。

新聞業界は大車輪で、「逓信省」への改名反対の論陣を張ったのである。

このキャンペーンの効果があったのか、どうか。政治の世界のことは外からではよくわからないから、なんとも言いようがないが、ともかく、与党自民党は、態度を変えることになった。三月二六日、自民党政務調査会は内閣部会と逓信部会の連合部会を開き、「逓信省」への改名を見送る方針を決定したのである。

新聞業界の勝利

郵政省設置法一部改正案は、最終的には、この年の末に開かれた第三三臨時国会で、官房長制度の導入一本に絞った形で可決されることになる。しかし、そのときにはもう、新聞業界はこの法案のことなど、ほとんど問題にしやしなかったのだ。

一九五九年春、「逓」という漢字の唯一無二性をめぐる争いは、新聞業界の勝利に終わった。しかし、このころ、テレビの普及によって、メディアを取り巻く環境は大きく変化しようとしていた。

東京タワーからテレビ電波が送信され始めたのは、その前年のクリスマスのことだ。それから三ヵ月、新聞業界が郵政省改名阻止にやっきになっていたちょうどそのころ、皇太子の結婚の儀の生中継を目前にして、テレビは爆発的な売れゆきを示していた。一九五九年三月時点でのＮＨＫテレビの受信契約数は、一九八万二三七九。二年前の約五倍となっていたのである。

郵政大臣としてテレビ局の予備免許大量交付を行った田中角栄は、その後も予備免許交付の実権を握り続け、テレビ業界を影で支配したと言われている。それは、後にロッキード事件で世間を大きく騒がせることになる、いわゆる「田中金権政治」の端緒の一つでもあったのだ。

そういう後々のことを知っているぼくたちが、当時の新聞業界を批判するのは、たやすいし、ある意味、ずるい。それはわかった上で、それでもぼくは呟いてしまうのだ。あのとき、もっと他にこだわっておくべきことがあったんじゃないだろうか、と。

時代の風音

だれもが覚えやすく使いやすい日本語は、たしかに民主主義にとって必要なものだ。でも、「逓信省」への改名を阻止することは、新聞業界があれほどまでにして勝ち取らなくてはならないものだったのだろうか。

漢字が反民主的であるという議論が成り立つとすれば、それは、漢字がときには、コミュニケーションを阻害しかねないことがある、ということによるものだ。多数の人にとって意味の不分明な漢語を多用すれば、文章がわかりにくくなるし、そういった漢字の学習を前提にしようとすれば、教育の機会均等の障害となりかねない。ただ、これらの論理は漢字全体を相手にした話であって、一文字について云々の話ではありえない。アリの穴から堤が崩れるという心配もわからないではないが、どうもこのときの新聞業界は、「遁」という漢字が反民主的だと、ダイレクトに結び付ける思考にとらわれすぎていたような気がしてならないのだ。

プロローグで紹介した『読売報知』の社説は、「漢字には封建的な特徴が濃厚だ」と言い切ってはばからなかった。ここにも、厳密な意味での論理はない。しかし、軍国主義に有効な反撃を加えることができなかったことへの反省がある。

敗戦直後、焦土と化した日本に登場した当用漢字という思想は、軍国主義へ二度と回帰しないために必要だと感じられたのに違いない。その重要性はしっかり受け止めなくてはならないと、ぼくは思う。

しかし、時代は流転していく。一九五〇年代後半の「遁」の字をめぐる議論を眺めていると、ぼくは、時代がある一つの思想を追い抜いていく、その瞬間の風音を聞くような気がするのである。

変わりゆく社会の中で

一九六〇年代の漢字事件

新宮の命名をめぐって

仁

お節介焼きが国会に

知り合いに子どもが生まれたと耳にしたとき、ぼくたちはどんなことを話題にするだろう。父親と母親のどっちに似ているんだろうとか、あのお母さんに似て、さぞかし目のぱっちりした赤ちゃんに違いないとか、ふだんはいかめしい面構えをしたあいつも、意外に子煩悩《こぼんのう》なのに違いないとか、そんなことだろうか。いずれにしても、罪のないうわさ話だ。

そんな話題の一つに、名前に関するものもあるかもしれない。あの夫婦は生まれてきた子どもにいったいどんな名前を付けるんだろう……。

どんな名前にしようと、それは両親の自由だ。そんなこと、ぼくたちは十二分に承知している。だからこそ、ああでもないこうでもないと、罪のないうわさ話にうち興じることができるのだ。

ところが、ときにはそれを本人たちにご注進に及ぶ輩がいるものだ。子育てのコツや、産後の健康管理について忠告するのなら、まだわかる。しかし、名前はこういうのにした方がいいよ、というようなことになってくると、まったく、余計なお節介でしかない。

そんな余計なお節介が、こともあろうに、国会の席上で行われたことがある。ただし、お節介の対象は、皇室である。「人間天皇」であるからには、皇室と言えども、極論すれば国民にとって他人様《ひとさま》の家でしかない。しかし、そう単純には割り切れないのが、皇室なのである。

新時代に沿うようなお名前を！

一九六〇年（昭和三五）二月二六日の衆議院内閣委員会の会議録に、民主社会党（後の民社党）の受田新吉《うけだしんきち》が発した、次のような質問が記録されている。

「今度の新宮の御命名は二十九日になさるということでございますが、その御命名にあたって、（中略）古典的な名称ではなくて、解放された名称で、新時代に沿うようなお名前をつけたいというお気持はないのか」

図12　皇太子・美智子妃の成婚馬車パレード（毎日新聞社提供）

受田が問題にしている「新宮」とは、時の皇太子と美智子妃との間に生まれた、長男のことである。前年の四月一〇日、全国民をミッチー・ブームの熱狂の渦に巻き込んで結婚した二人は、この年の二月二三日、初めての子宝を授かった。皇室に新たに子どもが誕生すると、七日目に「命名の儀」が行われて名付けがなされる。その名付けにあたって、「新時代に沿うようなお名前」を付けるべきだと、受田は主張したのである。

受田の質問に答えたのは、宮内庁長官・宇佐美《うさみ》毅《たけし》であった。

「これはやはりそのおつけになる方

の御自由な問題でございますが、しかしわれわれとして資料を差し上げますときには、（中略）むずかしくならないようにいろいろな点につきまして考慮をすべきものと私は考えております」

「命名の儀」にあたっては、宮内庁長官が学者と相談し、二、三の候補を事前に選んでおく。その中から、天皇が皇太子の意見も聞いた上で命名する、というのが、しきたりであった。宇佐美の言う「資料」とは、この候補のことであり、彼は、その段階で「いろいろな点」について考慮をする、と答えたのである。

受田は、この答えでは満足しなかったようだ。彼の考えている「新時代に沿うようなお名前」とは、もっと具体的なものだったのである。

「資料を差し上げている中に、仁という字は省くようにしてありますか」

初めて「仁」が付く名前を名乗った天皇は、平安時代の第五六代清和《せいわ》天皇だという。その在位は八五八（天安《てんあん》二）年から八七六（貞観《じょうがん》一八）年まで。以後、若干の例外はあるものの、歴代天皇の名前はほとんど「仁」を含んでいる。千年以上の伝統なのだ。ふつうの家であれば、他人からとやかく言われるべき筋合いの問題ではない。

それでも受田が余計なお節介を焼いたのは、おそらく、「仁」が儒教の中心的な概念だからだろう。彼はこの日、「御命名にあたり、名称にも、どこかに四書五経《ししょごきょう》などから引き出してくるような動きがあると思う」と批判している。儒教は、第二次世界大戦敗戦に至るまでの長い間、日本の封建的な社会を支えてきた思想だった。だからこそ、「仁」は「解放された名称」にはふさわしくない漢字だと、受田は考えたのではないだろうか。

傍聴者たちの笑い

天皇家が、あるいは宮内庁が「仁」という漢字にこだわっているとすれば、それは漢字の唯一無二性のしわざであろう。新宮の名前に「仁」を使わねばならない理由は、千年以上もそうであったから、ということだけだ。非常に長い期間にわたって名前に使い続けられてきたその重みが、「仁」を他の字で置き換えることのできないものにしているのである。

しかし、この字は「新時代」の皇室にはふさわしくない、とする受田新吉の主張だって、同じことではないだろうか。たしかに「仁」は儒教の中心的な概念ではあるが、その本来の意味は「人を愛し、思いやる心」である。そのこと自体が封建的なのではない。儒教が封建的な社会の秩序を維持するために利用されてきたことが、「仁」に封建的な色彩を与えたのである。この字を見てすぐに封建社会を思い出すとすれば、それもまた、漢字の唯一無二性のしわざなのである。

つまり、漢字の唯一無二性とは、漢字そのものに宿っているのではない。漢字を使う人の側に宿っているものなのだ。もし、天皇家の伝統を知らない人が新宮の名前を考えるとすれば、「仁」の字にこだわることはないだろう。また、「仁」という字の儒教的な背景を知らない人の眼には、受田の主張はまったく理解しがたいものに映るに違いない。

二月二七日の『読売新聞』朝刊「政界メモ」欄は、受田新吉の国会質問の様子を伝えて、「『仁の字をつけるか』との質問に及んでさすが低姿勢だった宇佐美長官も鼻白み答弁を拒否して傍聴者を爆笑させた」と記している。ここで気になるのは、傍聴者たちの笑いである。彼らは、なぜ笑ったのだろう。

それはもう、このころには、「仁」という漢字と封建社会の関係を云々することなど、ほとんど時代錯誤のように思われたからではないだろうか。「逓信省」の問題のときには、あれほど反民主的だと騒がれたのに、わずか一年後、「仁」については笑いしか返って来ない。この事実は、漢字は民主主義を妨げるものだ、という思想が、時代の流れとともに、底の浅いものになっていったことを示しているのではないだろうか。

敗戦から一五年、戦前という時代ははるか遠い昔のことになりつつあったのである。

そういう時代の変化は、当用漢字という政策にも影を落とし始めていた。ちょうどこのころ、当用漢字をその一つの柱とする戦後の国語改革は、大きな壁に突き当たっていたのである。

送りがなのつけ方

ことの起こりは、一九五八年（昭和三三）一一月一八日に国語審議会が建議した、「送りがなのつけ方」であった。日本語をかなと漢字とで書き表そうとすると、どうしても問題になるのが、送りがなである。「行う」なのか「行なう」なのか、「生まれる」がよいのか「生れる」でよいのか。

当時、まちまちであった送りがなの付け方について、国語審議会が示した統一案が、「送りがなのつけ方」であった。しかし、その内容は、二六もの「通則」と数多くの例外とから成る、きわめて複雑なものであった。

この統一案は、評判が悪かった。作家を中心に約六三〇人の会員を擁していた日本文芸家協会は、国語審議会の建議が出された直後に反対を表明。翌年七月一〇日に「送りがなのつけ方」が内閣告示となると、一〇月末には、国語審議会の委員を招いて懇談会を開いている。いわば、直談判に及んだのである。

反対運動のもう一つの中心となったのは、國語問題協議會という団体である。この団体は、各界有志一六〇余人の賛同を得て、元日経新聞社社長の小汀利得《おばまとしえ》を理事長として、この年の一一月に設立された。設立されてすぐ、「送りがなのつけ方」への反対を表明している。つまり、それをきっかけに設立されたと言ってもよい団体であった。

年が変わって一九六〇年になると、反対運動はより活発になる。二月一三日には、日本文芸家協会が、全会員に対して国語問題に関するアンケートを実施することを発表。これは、戦後の国語政策全般に対して再検討を求めるためのデモンストレーションでもあった。一方の國語問題協議會も、二月二〇日、「国語問題と国語政策について」と題する講演会を東京の千代田公会堂で開催して、国語政策の見直しを訴えた。

「送りがなのつけ方」への反対は、戦後の国語政策全般への反対へと高まりつつあった。これまで、国語政策を主導してきた文部省と国語審議会は、かつてないほどの厳しい批判にさらされていたのである。

このとき、戦後の国語政策はなぜ、それほどまでに批判されたのだろうか。

薄れゆく記憶

当用漢字を中心とする国語政策は、この十数年、たしかに国語の「民主化」に貢献してきた。たとえば、あの「終戦の詔勅」を思い出してみよう。現在のぼくたちの目には、難解な語句を並べ立てた文章だと映るに違いない。日本語はたしかにやさしくなったのだ。その結果、漢字が封建社会と結び付いていたという記憶は、すでに遠い昔の話となり、だからこそ受田新吉は傍聴者の失笑を買うことになったのである。

つまり、国語の「民主化」が達成されていくにつれて、それを支えた思想――漢字は日本の「民主化」を妨げるという思想そのものの方は、現実味を失っていったのである。そしてその後には、漢字制限が必然的にともなう「窮屈」だけが、むきだしの形で残されることになったのだ。

一九六〇年（昭和三五）と言えば、安保闘争《あんぽとうそう》の年だ。日米安全保障条約の改定によって、日本は西側陣営に深く組み入れられ、アメリカの行う戦争に巻き込まれかねない立場に置かれることになった。それは、一九五〇年代後半、復古的な政策を強引な手法で押し進めてきた岸内閣が、最後に到達した地点であった。

国語審議会の進めてきた「民主化」路線に反対する動きを、そういった復古的な時代の空気が後押しした、という側面も、もちろんあるだろう。しかしぼくは、問題はもうちょっと複雑なのだと思う。

国語審議会は、戦後の国語政策を進めるにあたって、内閣告示という方法を用いてきた。

プロローグでも説明したように、内閣告示には本来、強制力はない。しかし、そこには「内閣」という権威性がある。権威を背景に「窮屈」を押し付けると感じられるこのやり方が、岸内閣の強圧的な政治姿勢と重なって感じられたとしても、不思議ではない。

一九六〇年、多くの人々にとって、当用漢字は「民主化」を推進するものというよりは、

図13　安保闘争で国会議事堂を取り囲んだデモ隊（共同通信社提供）

不自由を強いるものとして感じられるようになっていたのである。当用漢字は、復古主義者からも自由主義者からも、反感を持たれるようになったのだ。

では、漢字制限は、もう必要ないのだろうか。歴史的使命を終えて、ただ消え行くのみなのだろうか。

それが、そうでもなさそうなのである。なぜなら、新宮の命名をめぐっては、またもう一つ別な側面も存在するからである。

お節介焼きの行列

新宮の「命名の儀」は、一九六〇年（昭和三五）二月二九日、予定通り行われた。お名前は「徳仁《なるひと》」、称号は「浩宮《ひろのみや》」と決まった。四書五経の一つである『中庸《ちゅうよう》』の三一章から、「徳」「仁」「浩」の三文字が拾い出されたのである。宮内庁長官から依頼を受けてその選定にあたったのは、ともに漢学者の宇野哲人《てつと》と諸橋轍次《てつじ》の二人であった。

最初に述べたように、他人の家の名付けに口出しするのは、余計なお節介でしかない。結果から見ると、受田新吉のお節介はほとんど省みられなかったようだ。しかし、お節介を焼きたがるのは、受田だけではなかったのである。

お節介焼きたちは、新宮の名前が発表された翌日から現れ始めた。三月一日付の『毎日新聞』朝刊の「余録」は、その末尾で「それにしても『なるひと』という読み方はいかにもむずかしい。字を見て、すぐ読める人はまずあるまい」と述べている。

第6322号　【新聞定価一カ月890円・一部朝刊8円・夕刊7円】　東京

浩宮《ひろのみや》
徳仁《なるひと》親王殿下

先生から新宮のお名前を教えられる児童たち＝永田町小学校で

"なるひと"ちゃんョ

大きな声で読む児童たち

○…お誕生七日目「浩宮徳仁」とお名前、称号が決まった新宮さまはますますお元気、順調にお育ちになっている。宮内庁がこの日午前十一時すぎに発表したところによると、浩宮さまは去る二十五日お母さまの美智子妃のお乳を飲まれるようになってから順調にお育ちになり少しずつ肥られている。元気にお泣きになる赤ちゃんだそうだ。

一方、お母さまの美智子妃も食欲をすっかり回復され、大変お元気、毎日お乳を自ら浩宮さまにさしあげている。

○…ご誕生とご命名をお祝いする都主催の祝賀音楽パレードが二十九日正午から日比谷公園小音楽堂で開かれた。参加したのは警視庁、消防庁、自衛隊の音楽隊と学習院、日大桜丘高校のブラスバンド計五百人。午後にぎやかにパレードした。

また、この日午後一時半から都教育庁主催の児童、生徒奉祝大会が九段会館で開かれ、二百五十人の児童代表が行進、代表が宮内庁をたずね、奉祝文をさしあげた。

○…午前十一時すぎラジオがこのニュースを伝えると、千代田区永田町小学校三年三組の教室では早速受持の三井先生が生徒を黒板の前に集めて新宮さまのお名前を知らせた。まず「新宮さまのお生まれになったのはいつだか知っていますか」という先生の質問に、生徒は声をそろえて「二月二十三

図14　新宮命名を伝える新聞記事
（『東京新聞』1960年２月29日付夕刊）

同じ日、『中部日本新聞』朝刊「記者の目」欄には、ある閣僚が、「お名前はどうも字が少しむずかしい。選挙向きでないから代議士の名前ならあまり賛成できないよ」と「失礼な苦情」を洩らした、というエピソードが載っている。

続いて翌二日の『読売新聞』朝刊の投書欄「気流」には、芥川賞作家の倉光俊夫が「新宮のお名前について」という一文を寄せた。その中で倉光は「『徳仁』というお名前は、どうも読ませかたがすこしむずかしすぎたような気がする」と書いている。

さらにその翌日、三日の同欄には、易学者の加藤大岳《だいがく》が「新宮のお名前の読み方」を投書。「皇孫殿下のお名前は、新時代にふさわしく、文字で示されたら国民がよどみなくすぐにお呼びできるように、というのが私たちの願いであった」と嘆いた。

一日置いて三月五日、『中部日本新聞』の夕刊「紙つぶて」欄には、劇作家の飯沢匡《ただす》が筆を執った。彼は「徳」を「なる」と読むことについて、「こんな希有な訓を国民に記憶することを強制するのは制限漢字の精神とは逆方向」と憤慨している。

そしてまた一日置いて三月七日付の『産経新聞』夕刊では、国文学者・国語学者の池田弥三郎が「楷行草」欄でこの問題を取り上げた。これまで、新聞記者、閣僚、作家、易学者、劇作家と、さまざまな人がお節介を焼いてきた。そして、この問題の大本命、国語学者の意見も、「徳をナルとよむのは、しかし何と言ってもむずかしい」というものであった。

受田新吉が心配した「仁」についてではなく、「徳」の方、しかもそれを「なる」と読むところにとまどいを感じた国民は、多かったのである。

「徳」を「なる」と読む理由

命名の選定にあたった二人の漢学者たちは、なぜ、これほどまでに「むずかしい」と言われるような読み方を採用せねばならなかったのだろうか。

宮内庁は二人の学者たちに、当用漢字の範囲内で命名してほしいと注文したという。しかし、条件はこれだけには止まらない。なんといっても日本で一番伝統のある家系である。歴代天皇の名前や、皇族の名前と重複するのは、やはり困る。それに加えて、漢学者としては当然ながら、四書五経の中に典拠を持つことという条件を、己に課さねばならない。これらの条件を満たすのは、想像以上に困難な作業であったようだ。

その中から選び出された「徳仁」という名前は、ふつうに読めば「のりひと」と読める。ところが、ある宮家に別の漢字を書いて「のりひと」と読む名前があった。「なるひと」はこの重複を避けるために探し出された読み方だったのである。

そんな苦労にもかかわらず、大多数の国民にとって、「徳仁」を「なるひと」と読むのはむずかしいと感じられた。その「むずかしさ」の本質は、いったいなんなのだろうか。先に紹介した池田弥三郎は、同じ記事で次のようにも書いている。

徳という字は好まれたからだろう。人の名乗りとしては沢山あって、江戸時代の名鑑でみると、アツ・サト・トミ・エ、いろいろある。もちろんナルもある。

つまり、名前としての「徳」を「なる」と読むのは、二人の漢学者たちの創作でもなんでもないということだ。昔からそういう読み方はあったのだが、ただ、あまり一般的ではなかったというだけなのだ。

訓読みのバリエーション

実は、ここには日本語を書き表す文字としての漢字が抱える、本質的な問題が潜んでいる。漢字とは本来、中国語を書き表すために中国で作られた文字だから、中国語としての発音しか持っていない。それが日本風になまったのが、音読みである。たとえば、「困」を「コン」と音読みするのが、その例だ。それは、英語の trouble を日本語で「トラブル」と発音するのと同じだ、と考えればよい。

しかし、音読みだけでは日本語にならない。そこで、漢字が中国語として表す意味を、日本語に翻訳する必要が出てくる。その結果、生じたのが訓読みである。「困」を「こまる」と読むのが訓読みで、それは、troubleを「困難」と翻訳するのと同じなのだ。

ところが、troubleが「いざこざ」「災い」などいくつにも翻訳できるように、「困」だって、「くるしむ」「つかれる」などと翻訳することもできる。そこで必然的に、訓読みはさまざまなバリエーションを生むことになったのだ。

つまり、日本語を書き表す文字としての漢字は、一文字でいくつもの読み方を持っている。それは、ある漢字を見てもその読み方は簡単には決められない、ということだ。これでは読みやすい日本語にはならない。学習するのもたいへんだから、教育の平等を妨げて、ひいては「民主化」の障害となる……。

というわけで、当用漢字という制度は、漢字の読み方も制限することになった。一九四八年（昭和二三）二月一六日に制定された「当用漢字音訓表」がそれである。これにより、たとえば「困」の読み方は、音読みの「コン」と訓読みの「こまる」の二つだけに制限されることになったのである。

ただし、この漢字の読み方の制限も、名前の場合は対象外であった。だからこそ、「徳」を「なる」と読むことも許されたのである。

図15　「当用漢字音訓表」（国立公文書館所蔵）

基準を求める心

「徳」を「なる」と読む名前は、昔から存在した読み方ではあるものの、たしかに一般的ではない。一般的ではないものをむずかしいと感じるのは、人情として当然であって、むずかしいものをなんとかしてほしいと感じるのもまた、人情であろう。

なんとかするためには、一般的でないものをやめてもらうしかない。しかし、ある読み方が名前として一般的であるかないか、どうやって判断すればいいのか。常識に従うといったって、人によって常識は異なる。どこかに、先祖代々、「徳」を「なる」と読む名前を伝えて来た一族だって、あるかもしれないのだ。

それでも一般的であるかどうかを判断しようとすれば、どうにかして話し合って、その判断基準を作るしかない。もちろん国民全員がその議論に直接参加することは、現実的ではない。ならば、誰か偉い人たちに決めてもらうのが手っ取り早い。

たとえば、国語審議会といった人たちに。

その結果、できあがってくる基準は、たとえば「徳」を「なる」と読む名前を先祖代々伝えて来た一族にとっては、「窮屈」に感じられるものであるに違いない。たとえそれが、内閣告示という形式を取らなかったとしても。

皇室の方々の名前は、一般的でやさしく読めるものであってほしい、という考え方は、「民主化」と無縁ではない。先に見た、易学者の加藤大岳や、劇作家の飯沢匡の意見は、従来の当用漢字の思想の下で理解されるべきであろう。しかし、その他の意見は、むずかしさに焦点があたっていて、「民主化」は遠く背景に引っ込んでいるように、ぼくには感じられる。

そこで求められているのは、ただシンプルに、「基準」なのではないだろうか。「民主化」云々というむずかしい議論とはまた別のところで、人々はどうしても「基準」を求めてしまうのである。それは、漢字を使って日本語を書き表そうとするとき、ほとんど必然的に生じてくる現象なのだ。

時代の転換点で

一九六〇年（昭和三五）、「徳仁」という新宮の命名をめぐって、二つの議論が起こった。「仁」を問題にする議論は、漢字を封建社会と結び付けてとらえる見方が、もはや時代遅れになりつつあることを、示していた。そのころ、漢字制限という思想は、多くの人にとって、自由を抑圧するものとなり始めていたのである。

しかし一方で、「徳」を問題にする議論では、一般的な用法というものをめぐって、漢字に関する基準を求めるような声も多かった。誰もが楽に使える国語という発想は、やはり必要とされていたのである。

この年の六月一九日、大騒動の末に安保条約は自然成立し、これを置き土産に、岸内閣は退陣する。代わって登場したのは、池田勇人《はやと》である。強硬姿勢を貫いた岸とは対照的に、池田内閣は「寛容と忍耐」をキャッチフレーズに、対話を重視しつつ、高度経済成長の時代を開いていく。

そんな時代の転換点で、当用漢字もまた、その性格を変化させつつあった。軍国主義に舞い戻らないようにするための手段から、個人の自由を抑圧するものへ——。当用漢字は、一八〇度旋回したように見える。しかしそれは当用漢字が変わったのではなく、時代が変わったのだ。

そして同時に、漢字に関して「基準を求める心」は、地下水のようにひそかに、しかし確実に、国民の間を流れていたのである。

刑

記号式投票と狭山事件

近づく都知事選挙

一九六三年（昭和三八）三月一二日の東京は、最高気温四・九度、一日中曇りで、時折、小雨もぱらつく底冷えのする一日だった。夜に入って気温はさらに下がり、午後九時を過ぎるころには、二度を下回るほど冷え込んでいた。

当時、千代田区丸の内にあった東京都庁では、この日、深夜になっても都議会本会議が続いていた。定例都議会の最終日にあたっていて、採決せねばならぬ議案が山積していたのである。ようやくのことで最後の議案が上程されたときには、もう午後一〇時近くになっていた。その議案とは、社会党・民社党・無所属クラブ・共産党から共同提案された

「都知事選の記号式投票条例案」であった。

時の都知事は、東《あずま》龍《りよう》太郎《たろう》。医学博士にして東京大学名誉教授、日本スポーツ医学の草分けと言われた人である。その専門からして当然ながらスポーツ振興に熱心で、東京オリンピックの成功に力を注いでいた。彼の一期目の任期は、来る四月で切れる。再選を賭け

図16　旧東京都庁舎（毎日新聞社提供）

た都知事選が、近付いていた。この都知事選に、野党側は「記号式投票」を採用したいと提案したのであった。

ふつう、ぼくたちが選挙で投票するとき、投票用紙に候補者の名前を書いて、投票箱に入れる。これを「自書式投票」という。そうではなくて、投票用紙にあらかじめ候補者たちの名前を印刷しておいて、ぼくたちはそれにゴム印で丸をつけるだけでよい、というのが「記号式投票」なのである。

日本の選挙は、歴史的にずっと自書式投票であった。しかし、この前年の一九六二年五月、公職選挙法が改正され、地方自治体の首長選挙、つまり県知事か市町村長を選出する選挙では、記号式投票を採用してもよいことになっていた。東京都知事と言えば、地方自治体の首長のうちでも、もっとも格の高い首長であろう。それゆえ、このとき都知事選に記号式投票が採用されるかどうかは、世間の注目を集めていたのである。

仕事は楽な方がいい

記号式投票導入の旗振り役を務めたのは、現在の総務省の前身の一つ、自治省であった。自治省が記号式を勧める理由は、いくつかある。自書式だと筆跡によって投票者がわかる可能性があり、投票の秘密性が損なわれかねないというのも、その一つだ。しかし、最大の理由は、記号式の能率の良さである。

自書式投票だと、開票の際、判読に苦しむ投票用紙がどうしても出てくる。字が汚かったり、ぞんざいに書いてあったりするばかりではない。候補者名を間違っていたり、関係のないことが書いてあったりもするのだ。

関係のないことが書いてあるものは、「他事記載」といって、無効となる。しかし、判読しにくいからといって、無効としてよいか、どうか。国民の清き一票である。公職選挙法第六七条には「投票した選挙人の意思が明白であれば、その投票を有効とするようにしなければならない」とある。ちょっとやそっとで投げ出してはいけないのだ。

また、二人以上の候補者の名前に合致すると思われるものは、別にとっておいて、後で得票数に応じて比例配分する必要がある。実際の開票では、そういった作業が大問題なのである。記号式投票を採用すれば、この難題が激減することが期待されるのだ。

事実、一九六二年（昭和三七）一一月、全国に先駆けて記号式投票を採用した山形市長選では、前回は五時間二七分かかっていた開票時間が、三時間二〇分で済んだという。記号式の能率の良さは、歴然としていたのである。

よほどのマゾヒストでない限り、仕事は楽な方がいいものだ。自治省は全国の都道府県選挙管理委員会に対して、記号式投票の積極的な採用を呼びかけた。都知事選を翌年春に控えた東京都の選挙管理委員会でもこの呼びかけに応え、その年のうちに記号式投票の導入を決定、年明けの一月には、関係条例を都議会に提案するよう、都知事に申し入れた。都知事側でも、記号式投票の投票用紙代五〇〇万円を次年度の予算案に計上するなど、積極的な姿勢を見せていた。

ところが、二月に入ると風向きは急に変化する。都議会第一党の自民党が、反対の姿勢を見せ始めたのである。

自民党の反対理由

都議会自民党は、どうして記号式投票の採用に反対したのだろうか。

当時の新聞の伝えるところによれば、その理由には、次のようなことがあったようだ。

たとえば、記号式投票では、投票用紙に印刷された候補者の順序が投票結果に影響を与えかねない、という不安。たとえごくわずかであっても、そのような影響がありうるのであれば、議員さんたちにとっては死活問題なのである。

また、候補者の名前を自分で書いてこそ候補者への親近感が生まれるのであり、それがない記号式では投票行動が無責任になる、という危惧。ここには、文字というものの魔力が感じられるようで、おもしろい。

そして、実施例の少ない記号式を導入するのは時期尚早だ、という慎重な態度。

そんなこんな理由から、都議会自民党は二月一九日、議員総会で記号式投票に反対することを決定した。当時の都議会では、自民党は議席の過半数を占めていた。こうなっては、可決は絶望的である。都知事側も、可決される見込みのない議案は提出してもしかたないとして、関係条例の提案を取りやめてしまった。

その結果、都知事選への記号式投票の導入に関する条例案は、野党であった社会党・民社党・無所属クラブ・共産党から、議員提案という形で共同提案されることになった。しかしこの条例案も、冒頭に紹介したように、都議会最終日の肌寒い夜、あっさり否決されてしまったのであった。

政治の世界のことだから、このときの自民党の態度にも、外からは見えないさまざまな事情があったのだろう。だが、このときの都議会自民党の反対理由として、ぼくがどうしても見逃せないものが一つある。それは、東京都には字が書けない有権者はほとんどいないので、記号式投票をしいて導入するメリットがない、という理由である。

時代を少しさかのぼろう。一九四六年（昭和二一）四月に行われた衆議院選挙は、二〇歳以上の男女に選挙権が与えられた、初めての国政選挙であった。この投票直前、四月八日の『朝日新聞』は「投票はこんな要領で」という特集記事を載せているが、その中に「字を知らぬ人は　家で書いて貰って見て書く」という一段がある。「字を知らぬ人」に対して新聞で呼びかける、というのも妙な話であるが、裏返せばこのとき、文字の書けない有権者は、それほどまでに存在していたのである。

文字の書けない有権者

また、一九五二年一〇月に行われた衆議院選挙では、群馬一区で大接戦が繰り広げられた。当選した改進党の金子与重郎《よじゅうろう》の得票数三万二一七九に対して、落選した自由党の藤枝泉介はわずか二票差の三万二一七七。当然のことながら、両者の間に当落再確認の争いが起こった。そこで、東京高等裁判所が調査したところ、判読できない票が六〇〇票も出てきたのだ。

同年一二月二九日付『朝日新聞』夕刊は、次のようにその詳細を伝えている。

金子与重郎が書けずにただ数字の「四十」または「四中」というのもあり「フ」「ラ」「ク」の区別、「カ」と「ク」、「ネ」と「ラ」などの違い、濁点、半濁点の区別はほとんどできない。

また、利根郡川場村では字を知らずに型紙を作ってもらい、それを裏返しになぞった左前文字も飛び出し検証当事者を驚かせている。

これは群馬県の話で、東京都の話ではない。しかし、東京都といっても都会ばかりではないし、文字の書けない人は都会の方が少ないなどと、単純に言えるものでもない。

六三制の義務教育を終えた人たちが選挙権を得始めるのは、一九五〇年代後半のことだ。それから一〇年近くが過ぎる間に、文字の書けない有権者は、政治家にとって「ほとんどいない」と言い切ってかまわない存在となっていったのである。

それは、まがりなりにも日本の知的水準が向上したということであろう。九年間の義務教育、朝鮮戦争特需をきっかけとする経済発展などの結果、日本人の国語力の底辺は、たしかに上昇したのである。そして、使いやすい日本語を作り上げようという当用漢字の思想も、その一翼を担ったのだ。そう考えると、記号式投票条例案の否決は、当用漢字という政策の成果であると見ることもできるのである。

四月一七日、東京都知事選の投票は、従来通りの自書式投票で行われた。現職の東龍太郎は見事再選を果たし、高度経済成長時代の象徴である、翌年の東京オリンピックへと邁進することになる。

東龍太郎が再選を果たして半月ばかり後、南にほんの一〇キロほど走れば東京都内という埼玉県の狭山市《さやま》で、衝撃的な事件が起こった。後に、「狭山事件」として知られることになる、殺人事件である。

帰宅せぬ女子高校生

事件の始まりは、一九六三年（昭和三八）五月一日のことであった。夕方から降り出した雨の中、狭山市内に住むある家族が、娘の帰宅を待ちわびていた。市内の高校に通う彼女が、学校を出たまま、六時を過ぎても帰宅しなかったからである。夕闇が濃くなるにつれて、雨は強さを増していた。心配した家族は、車で近くまで探しに出たが、見つからない。と、そのうちに、玄関のガラス戸のところに、白い封筒が挟んであるのが目に入った。それは、引きちぎられた大学ノートのページに書かれた、脅迫状であった。娘の命が惜しかったら、二〇万円用意しろ、というのである。

彼女が誘拐されたことは、すぐさま警察に通報された。脅迫状で指定された身代金の受け渡し日時は、二日の夜一二時。四三名からなる大捜査網が厳重に警戒する中、彼女の姉が、札束のように見せかけた新聞紙を持って、指定された場所へと赴いた。そして、武蔵野の闇の中から、犯人はその姿を現したのである。

ところが、ここで埼玉県警は大失態をしでかした。脅迫状に「車で行く」と書いてあったのをうのみにして、警戒線を県道にしか敷かなかったため、農道から現れた犯人を取り逃がしてしまったのである。

結局、犯人は何も取らずに闇の中へと消え、女子高校生の身柄も戻ることはなかった。捜査の手がかりを失った警察は、翌三日には記者会見を行って事件の経過を報道陣に発表、同日の夕刻には公開捜査へと切り替えた。

この年の三月三一日、東京都台東区でも誘拐事件が起こっていた。「吉展《よしのぶ》ちゃん事件」として有名なこの事件でも、身代金受け渡しの際、警察は不手際から犯人を取り逃がしていた。そのため、五月四日に新聞各紙の朝刊が、こぞって狭山の誘拐事件を大きく報道すると、警察は世論の厳しい批判にさらされることになった。

当て字だらけの脅迫状

この事件に関する報道でひときわ大きく人目を惹いたのは、脅迫状であった。五月四日の新聞各紙は、脅迫状を写真入りで大きく掲載している。それは、次のようなものであった。

このかみにツツんでこい

子供の命がほ知かたら五月2日の夜12時に、

金二十万円女の人がもツてさのヤの門のところにいろ。
友だちが車出いくからその人にわたせ。
時が一分出もをくれたら子供の命がないとおもい。――
刑札には名知たら小供は死。
（以下略。原文は横書き）

この文面を一目見て、だれもが気が付くのは、当て字・脱字の多さであろう。その点について、たとえば四日付『毎日新聞』の朝刊は、次のように述べている。

脅迫文の文字は横書きで右上がりのクセがあり、誤字、脱字や、あて字が多く、文字も文章も下手。（中略）誤字は〝警察〟を〝刑札〟〝来なかった〟を〝気なかった〟〝子供は死んでしまう〟を〝子供死出死まう〟というひどいものだった。

脅迫状からこういう印象を受けたのは、『毎日新聞』の記者に限ったことではない。「教養はかなり低いらしい」（『東京新聞』朝刊）、「学校にもほとんどいったことがない男」（『読売新聞』夕刊）、「教育のていどが非常に低い」（『サンケイ新聞』夕刊）などと、各紙は軒並み、犯人を教育・知能の低い者としてとらえたのである。

吉展ちゃん事件の二の舞である上に、犯人はその程度の頭脳の持ち主だと思われたから、警察に対する批判は強くなる一方であった。五月四日、誘拐された女子高校生が殺害されて農道に埋められているのが発見されると、批判はさらに鋭さを増すことになった。新聞各紙は警察の不手際を責め立て、同日、警察庁長官は辞任に追い込まれる。

追いつめられた埼玉県警としては、なんとしても、一日でも早く犯人を逮捕せねばならない。しかし、捜査は難航した。検死の結果、膣内から精液が採取され、犯人の血液型はB型だと確認された。が、DNA鑑定などない時代である。それだけではなんの証拠にもならない。被害者を縛っていた手ぬぐいや、目隠しに使われていたタオルなど、いくつかの物証はあった。警察は、それらの入手経路を必死になって洗ったが、犯人特定までには結び付かなかった。

そうしている間にも、時はどんどん過ぎ去っていく。唯一、犯人と直接つながる物証としては、脅迫状しかない。そこで警察は、一計を案じた。怪しいと思われる人々に上申書を書かせ、その筆跡と脅迫状の筆跡との鑑定を行ったのである。対象は、約一二〇人に上ったという。

その中から浮かび上がってきた容疑者が、当時二四歳になるI氏であった。

容疑者の逮捕

五月二三日の早朝、午前四時半過ぎ、I氏は警察に寝込みを襲われて、逮捕された。主たる容疑は、女子高校生の身代金を脅し取ろうとした恐喝未遂である。

捜査本部の発表によれば、I氏には、事件当日のアリバイがなかった。さらに、問題の手ぬぐいやタオルを入手し得る状況にあった。そして何よりも、筆跡鑑定の結果、彼が書いた上申書と脅迫状の筆跡とは、非常によく似ていると判断されたのである。事実上、筆跡鑑定のみが決め手となった逮捕であった。

容疑者逮捕のニュースは、その日のうちに日本列島を駆け巡った。報道の中で、I氏は小学校低学年のときから欠席が多く、五、六年になってからはほとんど学校へ行っていなかったこと、中学校に入るには入ったが出席率はさらに悪化、結局「義務年限終了」という形で卒業はしなかったことなどが、伝えられた。教養・知能の程度が低いという犯人像に、合致したのである。そのためもあってか、自供は時間の問題という報道も多かった。

ところが、予想に反して、I氏はなかなか自供しなかった。筆跡鑑定だけでは、仮に脅迫状を書いたことを立証できたとしても、強姦殺人の証拠にはなりえない。ところが、頼みの筆跡鑑定も、当時はまだ方法が確立しておらず、その証拠能力には疑問符が付けられていたのだ。

否認を続けるI氏を前に、時間は冷酷に過ぎていく。六月一七日、ついにI氏は容疑を否認したまま、保釈されることになった。

ここで埼玉県警は、強引なやり方を取った。保釈と同時に、容疑を強姦殺人に切り替えて、再逮捕したのである。いずれ自白が取れるはずだという、見込みに基づいた逮捕である。この方法が功を奏したのか、どうか。I氏が自供を始めたというニュースが流れたのは、それから一週間ほど過ぎた六月二三日のことであった。以後、彼の自白に従って、被害者の鞄や万年筆、そして時計が次々に発見されていった。

狭山の女子高校生強姦殺人事件は、発生から二ヵ月近くが経って、ようやくのことで解決したかに思われた。

一転して無罪を主張

一九六四年（昭和三九）三月一一日、事件発生から約一一ヵ月後、I氏は、容疑を全面的に認め、狭山の女子高校生強姦殺人の犯人として、浦和地方裁判所で死刑の判決を言い渡された。翌日、彼は死刑を不服として、控訴する。ここまでは、ごくありきたりな殺人事件の裁判の経過であった。

ところが、同年九月一〇日に東京高等裁判所で開かれた、第二審の第一回公判で、I氏は突然、容疑事実を全面否認して、世間を驚かせたのである。

自白したのは「一〇年で出してやるから」と強要されたからであって、自分は無実である。――これが、I氏の主張である。そして、その観点から眺めてみると、この事件の捜査にはたしかに不審な点が数多く見つかった。たとえば、自白に従って発見されたという被害者の鞄・万年筆・時計は、いずれもその発見の状況が不自然で、証拠捏造の疑いをかけられてもしかたないものであった。

事件に再び光が当たる中で、脅迫状の筆跡も問題とされた。弁護団は、国語学者の大野晋《すすむ》に詳細な鑑定を依頼した。その結果は、I氏が警察に提出した上申書から窺える当時の彼の書字能力は、せいぜい小学校一、二年程度である、というものであった。

つまり、I氏は事件当時、字がほとんど書けなかったのである。

I氏が学校を休みがちだったのは、何も怠けていたからではない。彼は被差別部落の出身であり、一家は非常に貧しく、彼は小学生のころから働かなくてはならなかった。もちろん、被差別部落の人々がみんな、字が書けないというわけではない。しかし、彼らの中には、文字を獲得せぬまま大人になるものも、けっして少なくはなかったのである。

あの脅迫状を読んだとき、ほとんどの人は、これは教養のない人が書いたにちがいない、と思った。そして警察の捜査もその線に沿って進み、被差別部落の人間を逮捕することになった。そこに、狭山事件が差別問題として取り上げられる理由がある。極端に言えば、

Ｉ氏は、文字を知らなさそうであったがゆえに逮捕されたのである。

文字による二重の差別

しかしそれ以上に問題なことがある。大野晋の鑑定によれば、Ｉ氏が警察で書かされた書類から判断して、当時の彼には句読点を打つだけの文章能力がなかった。一方、あの脅迫状は句読点をほぼ完全に正しく使いこなしている。その一点だけをもってしても、Ｉ氏にあの脅迫状を書くことができなかったことは明らかだというのだ。

想像は、現実にははるかに及ばないことがあるものだ。文字を書ける人々からすれば、文字を書けないＩ氏は、稚拙に見える脅迫状の作者として、いかにもふさわしいように思われた。ところが現実には、彼はあの脅迫状を書くことすら、できなかったのだ。

Ｉ氏は、文字を知らなさそうであったがゆえに、実際には書くこともできぬ脅迫状の作者として逮捕されたのである。いわば、文字によって二重に差別を受けたのだ。

数々の疑問点にもかかわらず、彼は無罪にはならなかった。一九七四年（昭和四九）一〇月三一日、第二審の東京高等裁判所では、死刑が無期懲役に改められただけだった。Ｉ氏は当然、最高裁に上告するが、一九七七年八月九日に上告は棄却される。その後、再審請求も却下、異議申立も却下が続いている。

なぜＩ氏が無罪にならないのか、ぼくには理解できない。もちろん、そこには、ぼくの知らない深い理由があるのかもしれない。しかし、物的証拠に捏造の疑いがあり、脅迫状の筆跡鑑定もあてにならぬ以上、少なくとも再審が行われてもよいはずだ。なぜそうならないのか、ぼくには理解できない。

Ｉ氏は拘置所の中で自学自習し、文字を覚え、立派な文章を書けるようになった。彼は、一九九四年（平成六）一二月二一日、五五歳の時に仮出獄したが、その後も再審を求め続けている。彼の戦いは、終わってはいないのである。

取り残された人々

文字を知らない人は、いったいどれくらいいるのだろうか。

その割合を、「非識字率」というのだが、特に漢字という数多くの文字を相手にせねばならぬ場合、どれぐらい文字を知らなければ「文字を知らない」のか、その定義そのものがむずかしいこともあって、非識字率を正確に測定することは、技術的に困難だ。そこで日本では、一五歳以上の国民の中で、Ｉ氏と同じように義務教育を修了していない人の割合で代用することが多いようだ。

一九七〇年（昭和四五）版の『国際統計要覧』によれば、一九六〇年の日本では、その割合は二・二％だという。国勢調査による同年の一五歳以上の人口は、約六五八七万人だから、その二・二％は約一四五万人となる。もちろん、本人の怠慢によって義務教育を修了しなかった人もいるだろう。また、病気によって修了できなかった人もいるだろう。そんな一人一人の姿を思い描くとき、約一四五万人というのは、少ない数字ではあるまい。

一九六三年の五月に埼玉県で起こった狭山事件は、被害者とその家族にとって悲劇であったと同時に、「非識字率」の中に数えられる一人にふりかかった悲劇ともなった。犯人が脅迫状に当て字を多用したのが、意図的であったのかどうか、ぼくは知らない。ただ、「刑札」や「死出死まう」といった漢字の使われ方が、I氏を長い長い戦いへと引きずり込んでいったことは、事実である。

その同じ年の三月、東京都では、記号式投票条例案が否決された。その前提には、文字を知らない人はほとんどいない、という認識があった。それはたしかに、当用漢字を一つの柱とする、戦後の教育改革の達成点ではあった。しかし、そこから取り残された人々も、まだまだたくさん存在していたのである。

この年の一〇月一一日、国語審議会は「国語の改善について」と題する報告を文部大臣に提出している。この報告の中で、「当用漢字表」は将来的に改めて検討する必要があるとされた。先に「新宮の命名をめぐって」の節で見たような、当用漢字は自由を抑圧するものだとする批判が、それまでの国語政策の見直しを促したのである。

でも、その議論の視野の中に、文字を知らない人々のことは入っていたのだろうか。当用漢字が目指した漢字の「民主化」とは、国民の誰にとっても使いやすい国語を作ることであったはずだ。それは、国語の平等と言っていいだろう。一九六〇年代前半、国語政策の見直しが始まったとき、国語の平等がまだ行きわたっていない人々が存在するという現実は、きちんと考慮されていたのだろうか。

記号式投票条例案と狭山事件は、そのことをぼくに深く考えさせるのである。

誤字を理由に解雇できるか

S氏、解雇さる

漢字を間違えて恥ずかしい思いをしたことがある人は、けっして少なくないはずだ。卑近な例を挙げれば、学生時代のぼくは、「淋《さみ》しい」と書くべきところを「彬しい」と書いていた。「彬」とは、「あきらか」という意味だ。そのころのぼくは日記を付けていたのだが、青春の感傷に任せて「彬しい」「彬しい」と書きまくっていたのである。まったく、今から思うと、顔から火が出る思いだ。

しかし、漢字を間違えたことによって、人生が変わってしまったという経験は、そうあるものではない。S氏は、そういう希有な経験に見舞われた一人である。

一九六七年（昭和四二）九月二一日、そのころ、東京・銀座にあった日本軽金属株式会社本社の人事部人事課人事係に勤めていたS氏は、九月末日付での解雇を言い渡された。日本軽金属と言えば、旧古河財閥の流れを汲む古河グループに属する、日本を代表するアルミニウム・メーカーだ。四月一日にこの一流企業に就職し、見習社員として勤務していたS氏は、六ヵ月の見習期間満了をもって、解雇されることとなったのである。

S氏にとって、この解雇は突然のものであったのか、どうか。見習期間満了とともに彼を解雇することは、実は六月二九日にすでに決定されていた。日本の会社というのは、そういうことを隠し通すことがむずかしい場所だ。会社としては、それを感じ取ったS氏が自発的に辞表を書くことを期待していたのかもしれない。そういう事例は、それまでにもあったようだ。しかしS氏は、東京大学法学部を卒業したばかりの秀才である。会社の思い通りには、ことは運ばなかった。

彼は九月二日に解雇を言い渡されるまで、辞表を書かなかったばかりではない。解雇通告されてからは、それを不服として、東京地方裁判所に、地位保全の仮処分を申請したのである。平たく言えば、この問題について自分は争いたいから、その決着がつくまで、同社の社員であるという身分を認めてくれ、と裁判所に願い出たのである。

会社側がS氏を解雇しようと考えた理由は、なんだったのだろうか。東京地方裁判所の判決文によって、そのあたりを見ていこう。

誠実さを欠き協調性に乏しい

会社はまず、入社後の彼の言動を観察してみると、「勤務態度は誠実さを欠き、協調性に乏しく、将来、会社の管理者となるべき資質に欠けるところがあった」という。そして、それを表す具体的な事実として、次の五つを挙げている。

1　四月七日に行われた、古河グループ二五社の新入社員合同歓迎会に遅刻した。

2　四月一三日、講義教育が修了するに際し、見習社員全員にレポートを提出させたが、S氏のものだけは、誤字・脱字・当て字がきわめて多かった。

3　五月二〇日、静岡県の蒲原《かんばら》工場で行われた実地教育修了後、夜一〇時五〇分ごろから開かれた懇談会の席上で、人事係長に対して、「こんなに遅く呼びやがって、酒でも出さなければ袋だたきにしてやる」との暴言を吐いた。

4　六月一六日、会社は見習社員たちに対して、前日修了した実地教育のレポート提出を求めたが、彼らは度重なるレポートの提出に不満を抱いていた。そこでS氏は、見習社員を代表してレポートの提出命令の撤回を求めて会社と交渉し、結果的に、会社の命令に反して、見習社員全員がレポートを提出しないという事態を招いた。

しかもなお、そのことについて「受ける側が納得しない命令については、従わなくてもよい」と反発した。

5　六月二九日、横浜市にある東海金属株式会社の本社工場を見学する際、S氏は遅刻して、会社の信用を傷つけた。

これを見て、なるほど、会社がS氏のことを「誠実さを欠き協調性に乏しい」と判断してもやむを得ないな、と思う人もいるだろう。しかし、以上はあくまで会社側の主張である。実際にどんなことが起こっていたのかは、S氏の主張にも耳を傾けた上で、慎重に判断しなくては、公平ではあるまい。

ビールが出なければ、袋だたきだ

会社側の挙げる五つの事実のうち、話としておもしろいのは、3の「袋だたき」の件であろう。「こんなに遅く呼びやがって、酒でも出さなければ袋だたきにしてやる」とは、不機嫌な酒好きが、いかにも発しそうなことばだ。

人事係長の証言によると、S氏は、まだ配膳の済んでいない段階でこの暴言を吐いたという。ところがこの係長は、反対尋問に会うと、その暴言の語句は「袋だたきだな」だったかもしれない、と前言を翻してしまったのだ。

裁判官は「袋だたきにしてやる」と「袋だたきだな」のニュアンスの違いを問題にした。そして、並べられたビールを前に「やっぱりビール出ましたね。今日何も出なかったら袋だたきだとか、ふとんむしだとかいう話まであったんですよ」という趣旨のことをS氏が話したのであろう、と結論付けている。そして、その程度のことなら、彼が責められるべき点はまったくない、と判断したのである。

4のレポート提出命令の撤回交渉に関しては、事実関係はさらに複雑である。この日はもともと、実地教育の感想発表会が予定されていた。ところが人事課は当日、多忙であったため、その予定をレポート提出へと変更した。見習社員たちはこの変更を不満に感じ、自分たちだけで感想発表会を開き、その記録を提出したいと考えた。

その話を人事課に持ち込んだのが、見習社員の幹事を務めていたS氏であった。新人教育の担当者は別の場所にいたため、この交渉は他の人事課員の取り次ぎによって行われた。その結果返って来た担当者の答えは、「とにかく命じたのだからレポートを書くように。それでも書けない人はそれだけの器だから仕方がない」というものだった。

裁判官は、この返答はいろいろに解釈できると指摘する。担当者の趣旨は「レポートを書くことを命ずる」であった。ところが、それが伝達の過程で不分明となり、S氏は「書けない人は書かなくともよい」」だと理解してしまった。したがって、この件について彼には故意も過失もない、と裁判官は判断したのである。

なお、この件についてS氏が反省の色を見せなかったことについても、事実としては、多少反発的に「命令が出された場合、命令を受ける側が納得した後実行した方が良い」という趣旨の発言をした程度であり、見習社員の幹事という地位を考えれば、それほど問題にする必要はあるまい、というのが裁判官の判断であった。

誤字だらけのレポート

次に、先に挙げた五つのうち、2の「誤字・脱字・当て字だらけのレポート」について、裁判官がどのように判断したのか、見てみよう。S氏のレポートに書かれていた「誤字・脱字・当て字」とは、いったいどんなものだったのだろうか。

判決文では、「会社が誤字と称するもの」は次のように分類されている。

a　明らかに字を誤ったもの（対処→対拠、抗争→攻争、描く→抽く、推す→押す、など）

b　綴りの不正確なもの（組→組、段→段、上→ヱ、など）

c　極端な略字を用いたもの（経済→圣済、事業→事业、生産→生产、など）

d　その他字のくずし方が多少おかしいもの

aについては弁明のしようがないであろう。東京大学法学部卒業というS氏の学歴からすれば、イヤミの五つや六つは覚悟せざるを得まい。しかし、その他になると、事情は違ってくる。会社側の指摘する「誤字」の中には、「日」を「日」としたもの、「今」を「今」としたものまで含まれていて、「チェックの仕方は必ずしも公平なものとはいえない」からである。

裁判官は、b～dをひっくるめて、「急いで書く場合には通常犯しやすいこと」だという。そして、「敢えてこれらを誤字としてとりあげ、社員としての適格性を云々する資料にすべきほどのものでもない」と判断したのである。

このように見てくると、会社が指摘した五つの問題行動のうち、S氏の責任が問われるのは、1の歓迎会と5の工場見学の二回の遅刻だけである。そしてここでも、裁判官は、工場見学が合計五回行われた事実を指摘して、この程度の遅刻では、S氏の「資質判断の資料とするに足らず、いわんやこれをもって、解雇の事由とするには当らない」として、会社側の主張を退けたのである。

S氏が解雇通知を受けてから一年半近くが過ぎた一九六九年（昭和四四）一月二八日、

東京地方裁判所は、この解雇は解雇権の濫用であるという判決を下した。日本軽金属は控訴したが、第二審の東京高等裁判所でも判決は同じであった。かくして解雇は無効となり、S氏は一九六七年一〇月以降の賃金、月額三万二三一〇円を受け取ることとなった。

極端な略字の与えた印象

現在の労働基準法では、第一八条の二に「解雇は、客観的に合理的な理由を欠き、社会通念上相当であると認められない場合は、その権利を濫用したものとして、無効とする」という条文がある。専門的にはこれを「解雇権濫用の法理」というそうだ。

この条文が労働基準法に書き加えられたのは、二〇〇三年（平成一五）のことである。それより三〇年以上前のS氏の事件は「態度が悪いという理由だけで見習社員を解雇できるか」というような観点から、注目されたようだ。

しかし、本書は労働法に関する本ではなく、まがりなりにも漢字をテーマにする本だから、ここで問題にしたいのはもちろん、「誤字・脱字・当て字だらけのレポート」の一件である。そして中でも特に、先の分類でいけばcの「極端な略字」についてである。

S氏がレポートで使った「圣済」「事业」「生产」といった略字を見て、多くの人が思い出すのは、中国の簡体字（簡化字）であろう。簡体字とは、中華人民共和国が漢字簡略化

図17　独特の略字で書かれた学生運動の立て看板（毎日新聞社提供）

のために制定した略字のことを言う。そして、「圣済」は違うものの、「事业」「生产」はまさに簡体字そのものなのだ。

一九六七年といえば、学生運動の華やかなりしころである。当時の学生活動家たちの立て看板やビラなどには、独特の略字が使われることがあった。それらの中には、簡体字をそのまま借用したものも多かったのである。

S氏が活動家であったのかどうか、ぼくは知らない。しかし、彼が常日ごろから、こういった略字を用いていたことはたしかであろう。そして、新入社員歓迎会への遅刻で印象を悪くしていたところに、こういった略字をちりばめたレポートを見せられたとすれば、人事課の人々が、S氏に対して歓迎できない思いを抱いたとしても、不思議ではなかったのではないだろうか。

しかし、活動家云々といった印象よりももっと重要なことが、この略字の背後にはあるのではないかと、ぼくは思うのだ。

ハレの漢字とケの漢字

裁判官は、このレポート作成にあたって、会社側が「略字を使ってはならないというような注意は一切していない」という事実が認められる、と指摘する。それはたしかにその通りなのだろう。が、一般論として、会社が社員にレポートの提出を求める際、そんな注意をいちいちするものだろうか。

漢字の本家、中国において、正字と略字の区別が意識され始めるのは、七世紀ごろだとされている。隋《ずい》という王朝の下で、科挙《かきよ》という国家公務員試験が始まったのが、その一因だという。漢字の中には、同じ発音・同じ意味を表しながら、字体が違うものがたくさんある。この試験では、そういった字体の中でも、儒教の経典など、権威のある古典に出て来るものを使わなくてはならない、とされていた。それがいわゆる正字であり、略字・俗字などと呼ばれるそれ以外の漢字は、たとえ意味は間違っていなくても、国家公務員試験にはそぐわないと考えられたのである。

このことは、現代日本にもほとんどそのまま通用する。入学試験や入社試験などの公の場では、学校教育で教わる正字を使うべきであり、略字を使った場合、たとえそれが漢字テストの場ではなかったとしても、多少の減点がなされても文句は言えないであろう。「これは漢字の本家、中国で使われている簡体字だから、決して間違いではないのだ」といくら主張してみたところで、受け入れられるとは思えない。

つまり、漢字にはハレの漢字とケの漢字とが存在するのだ。前者は正字と呼ばれるもので、公の漢字であって、公の場ではこれを使うことが求められる。当用漢字の時代には、その規範となるのが「当用漢字字体表」であった。この表に含まれない、略字とか俗字と呼ばれるものはケの漢字であって、私的な場所で使うのはかまわないが、公の場所での使用には、注意が必要なのだ。福井県庁掲示板の「丼」や、新聞題字の「新」だって、それが使われたのが私的な文書か何かであれば、あれほど問題にはならなかったはずだ。

「圣済」「事业」「生产」といった略字は、学生時代のS氏の仲間うちでは、お互いに通じ合う漢字だったのだろう。しかし、社会には、こういう略字を知らない人もたくさんいる。だから、社会に出て、公の場で漢字を書かなくてはならない場合は、略字の使用は避けるべきなのである。それが、社会人の常識というものだ。

日本軽金属の人事課の面々から見ると、そういった略字を堂々とレポートに用いるS氏は、公私の区別がつかない人間のように映ったのではないだろうか。

だからといって、S氏のことを公私の区別がつかない人間だと決め付けてしまうのは、厳しすぎるというものであろう。そもそもS氏とて、きちんと採用試験を経て入社したのである。彼がその場でも略字を使っていたならば、会社は、その欠点を承知で採用したことになる。また、使っていなかったとしたならば、略字を使ってはいけない場面があることを彼は認識していたことになり、レポートに略字を使ったのは、会社に対する親しみの現れであったと解釈することだって可能なのだ。

なまじっか略字を覚えたために

一九七〇年（昭和四五）九月一七日に下された第二審、東京高等裁判所の判決文の中には、証言によれば、日本軽金属人事課がS氏の解雇を決定する際に一番重視したのは「レポート提出拒否の点」であった、という記述がある。入社して三ヵ月も経たないにもかかわらず、業務命令に対して「命令が出された場合、命令を受けた者が納得した後実行した方がよい」と批判する、その態度が問題とされたのである。

自己の信念に基づき、業務命令に平然と抵抗できる人間ほど、企業にとって扱いづらいものはない。人事課はこの一件をきっかけに、S氏をそのようなタイプとして認識し、そう言われてみれば、遅刻の件や誤字・略字の件、「袋だたき」発言などもあったぞ、と悪い印象を掘り起こしていったのではないだろうか。

だとすれば、会社に対してやや厳しい言い方にはなるが、誤字・略字の件は、S氏を解雇するために探し出された理由付けだったと言えるだろう。ある組織が、ある人物を排除するために、漢字の字体を利用したと言っては、言い過ぎだろうか。

狭山事件のI氏は、小学校にもろくに通うことができず漢字の読み書きができなかったために、殺人犯という判決を受けた。大げさに言えば、S氏は、最高学府においてなまじっか略字を使うことを覚えたがために、一流企業から解雇を通告されることになったのである。

新旧世代の食い違い

東京高等裁判所の判決が出た翌日、一九七〇年（昭和四五）九月一八日の『毎日新聞』朝刊は、そのことを伝える記事の最後で、このころの「現実の新入社員像」を何人かの人物に語らせている。日本航空の人事課長は「昔と気質がずいぶん違うと感じることはある。でも、とくに素質が低下しているとは思われない」と言う。丸紅飯田（現在の丸紅）の人事課長は「かなり自己主張がはっきりしていることはたしかで、それが自己中心主義に結びつく傾向はある」と話す。
さらにその翌日、一九日の『サンケイ新聞』朝刊は、一面コラム「サンケイ抄」でこの事件を取り上げた。

いまどこの職場にも共通している頭痛のタネは、この〝困った人〟がふえていることなのである。あいさつもしない、口のきき方も知らない。学生生活と社会生活のけじめがつかない……

そして、前年春の新入社員に対して行われた意識調査では「別にえらくならなくても、豊かで楽しい生活をしたい」という回答が七四％を占めたことを紹介した上で、コラムは次のように結ばれている。

どちらがいい悪いではなく、新・旧世代の常識観には大きな食い違いがある。それをどう埋めたらいいか、裁判所も教えてはくれない。

ここに見られるのは、このころ、社会の前面に登場しつつあった若い世代に対する違和感である。その世代とは、戦後のベビーブーム、一九四七年から四九年の間に生まれ、後に「団塊《だんかい》の世代」と呼ばれることになる世代であった。S氏自身は団塊よりも少し上の世代であるが、彼の事件は団塊の世代の象徴として受け取られたのである。

図18　新宿駅西口広場でのフォークソング集会（毎日新聞社提供）

団塊の世代の特色は、既成の価値観に反抗した点にあると言われる。一九六九年一月の東京大学安田講堂攻防戦に代表される学生運動を始め、フォークソングやアングラ演劇、劇画ブームなどは、すべて彼らのそういった特色が現れているというのだ。

その観点からすれば、業務命令に対して平然と異を唱えてみせたS氏を、団塊の世代の象徴としてとらえることも、まったくの見当外れでもないだろう。

当用漢字の子どもたち

それでは、そういった議論を漢字に当てはめてみると、どうなるのだろうか。

公の場で使うことを求められる正字を「既成の価値観」だとすれば、学生活動家たちが略字を使うのはそれに対する反抗である、と言うことは可能だろう。このとき、反抗の対象である正字とは、例の「当用漢字字体表」で定められているものだから、学生活動家たちの反抗は、当用漢字への反抗であったことになる。

しかし、同時に、次のようなこともたしかである。「新聞題字問題」の節で見たように、当用漢字が現実の社会に反映され始めたのは、ようやく一九五〇年代に入ってからのことであった。つまり、物心ついたときにすでに当用漢字が支配的だった初めての世代は、団塊の世代、もう少し広くとって敗戦前後に生まれた世代なのである。

彼らは、「当用漢字の子どもたち」なのだ。

そう考えると、団塊の世代の略字使用は、当用漢字の子どもたちによる、当用漢字への反逆である、と言えそうだ。当用漢字は、日本語を使いやすくすることによって、国民の知的水準を上昇させることを一つの目的としていた。その目的通りに高い教育を受けた学生活動家たちが、当用漢字をないがしろにし始めたのである。

戦後民主主義は「自由」を旗印としていた。軍国主義の時代には、国民に真の自由はなかった、だから、敗戦によって生まれ変わった新しい日本には自由がなければならぬ。

――それが、戦後民主主義の考え方だったのだ。

自由の下に生まれ、自由によって育てられた子どもたちは、自由になる。それは当然のことだ。その自由に既成の価値観からの自由が含まれるのも、当然のことなのだ。だとすれば、当用漢字の子どもたちの反逆も、当然の結果なのだと考えるべきなのだ。

当用漢字という思想も、軍国主義を敵視するという点で、自由を求めるものではあった。しかしそれは、すべての国民に知識獲得の機会を平等に保証しようというものであったがゆえに、「一時の窮屈」を強制するものでもあった。つまり、自由を求めるためにその前提として平等を欲し、そのために自由に枠をはめるという矛盾を、当用漢字は内部に抱えていたのである。

一九六〇年代、高度経済成長の中で、ある程度の平等が達成されつつあった日本の社会では、自由の持つ意味がどんどん大きくなっていた。六〇年代の終わりに登場した「団塊の世代」の生き方が、その現れの一つなのだとすれば、彼らの略字使用も、同じ文脈で理解することができるだろう。

漢字の世界も、平等よりも自由が優先される時代を迎えたのである。

拡大する自由の行方

一九七〇年代の漢字事件

水俣病患者たちのうらみ

怨

万博の宴の後に

一九七〇年（昭和四五）の大阪、と言えば、何をおいても万博であろう。三月一四日から九月一三日まで開かれた日本初の万国博覧会は、総入場者数約六四〇〇万人。高度経済成長のフィナーレを飾る、まさに空前絶後の一大イベントであった。

この年の一〇月一日に行われた国勢調査によれば、日本の総人口は一億とんで四六六万五一七一人。つまり、国民の二人に一人以上が大阪万博に押しかけた計算になる、というのは数字のトリックでしかない。しかし、一九八五年のつくば科学博、一九九〇年の大阪花博、そして二〇〇五年の愛知万博の入場者が、いずれも二〇〇〇万人台の前半であるこ

図19　「怨」の幟を掲げた株主総会出席者（毎日新聞社提供）

とを考えると、大阪万博の熱狂ぶりがわかろうというものだ。

その熱狂が過ぎ去って二ヵ月余り、一一月二七日の午後二時過ぎ、国鉄（現在のJR）大阪駅の一番北側にある一一番ホームは、一種異様な雰囲気に包まれていた。三〇〇名ほどの団体が、二時一五分到着予定で山陽路を東上してくる、特急しおじ三号を待っていたのだ。それだけであれば、特に驚くほどのことではない。異様な雰囲気を醸し出していたのは、彼らが掲げている幟《のぼり》であった。

闇を思わせる黒一色の地の一番上に、ただ一文字、白く染め抜かれた「怨」の字。そんな幟が三〇本ほど林立する中、定刻通りに到着したしおじ三号のボンネット型の先頭車両から、これまた異形の一団が降り立った。白装束に菅笠《すげがさ》をかぶり、手甲脚絆《てっこうきゃはん》に金剛杖と鈴鉦《すずかね》。四国八十八ヵ所巡礼のいでたちである。

それは、つい最近まで「人類の進歩と調和」をテーマとした万博に浮かれていた近代都市に、古代の呪術師たちが忽然《こつぜん》と姿を現したような印象すら与えた。「怨」の幟を掲げて静かに歩み始めたのは、チッソ株式会社の株主総会に出席すべく大阪へとやってきた、水俣病の患者たちであった。

水俣病患者たちの苦難

チッソ株式会社（一九六五年一月までは新日本窒素肥料株式会社）の水俣工場から水俣湾へと排出された有機水銀が、水俣病と呼ばれる公害病を引き起こしたことは、現在ではよく知られている。しかし、それがほとんど常識となるまでには、長い歳月と、患者やその支援者たちの血のにじむような努力が必要であった。

水俣病の認定患者第一号の発症は、一九五三年（昭和二八）のことだが、公式に水俣病が発見されたのは、一九五六年とされている。その直後から、新日本窒素水俣工場の排水が疑われてはいたものの、熊本大学医学部を中心とする研究者たちの必死の努力にもかかわらず、原因究明はなかなか進まなかった。

水俣病にかかると、脳や神経が冒される。手足が思うように動かなくなり、まっすぐ歩くこともできなくなる。視野が狭くなり、ことばも不自由になる。症状が重くなると、全身の痙攣《けいれん》が頻発するようになり、肉体の変形さえ引き起こす。

そのような病気は、何も知らぬ者たちから見れば、まさに「奇病」であった。しかも、原因となる有機水銀は魚介類を通じて、食事として体内に取り込まれるのだから、ある患者と食生活を共にしてきた家族の中から、もう一人、二人と患者が発生する確率は高い。水俣病患者とその家族が、周囲から奇異の眼差しで見つめられたことは、容易に想像がつくであろう。

さらに付け加えれば、当時の水俣市は新日本窒素水俣工場の企業城下町であり、工場を批判することは、市の経済を根底から否定することでもあったのだ。

熊本大学の研究班が、水俣病の原因は工場から排出されたメチル水銀化合物であると発表したのは、一九六三年のことである。しかし、それでも患者たちの苦しみは終わらない。日本国政府が、水俣病を公害によるものであると正式に認めるのは、さらに五年後の一九六八年まで待たなくてはならなかった。

政府の公害認定をきっかけとして、ようやく、患者に対する補償が俎上《そじょう》に上ることになった。しかし、患者互助会とチッソとの交渉は難航し、厚生省（現在の厚生労働省）が仲介に入ることになる。厚生省は仲介にあたって、補償処理の一任を要求した。厚生省の出す斡旋《あっせん》案には必ず従ってくれ、というのである。これをめぐって、患者互助会は分裂する。一任やむなし、と受け入れる患者たちと、自分たちの納得のいく斡旋案でなければ、断固として受け入れられないとする患者たちとに、意見が分かれたのである。

後者の患者たちは結局、斡旋案の受け入れを拒否し、チッソ株式会社を相手として民事訴訟を起こした。裁判になれば、会社幹部と直接対話ができると考えたのである。しかし、裁判の席にも会社幹部は姿を見せない。そこで彼らは、一株ずつ株を取得、「一株株主」として株主総会に乗り込むことにした。

大阪駅に「怨」の幟を掲げて現れたのは、「訴訟派」と呼ばれるようになった彼ら患者たちと、その家族、支援者たちであった。

「怨」の幟の誕生

第一号患者の発症から数えて、一七年。その間に患者たちが体験した病苦と、家族たちが直面した生活苦、さらには彼らが浴び続けたいわれなき奇異の眼差しを考えると、黒地に白く染め抜かれた「怨」の字には、彼らの積年の思いが込められていたに違いない。
この幟を発案したのは、作家の石牟礼《いしむれ》道子であった。一九二七年（昭和二）、熊本県に生まれた彼女は、この前年の一九六九年、水俣病患者たちの生活を感動的に描いた『苦海《くがい》浄土』を出版し、ジャーナリズムの注目を集めていた。その『苦海浄土』の続編として書かれた『神々の村』の中で、彼女はこの幟の由来について、次のように記している。

そもそもは私の父親の葬式に五色の幟を立て、市役所の呑んべえの蓬《よもぎ》氏が、焼酎好きの先輩を崇めて、五色のうちの黒い幟を墓場まで担いでくれたのがヒントであった。（中略）はじめ二十流ればかり、水俣病死民会議と白抜きで染めてみたのだが、すぐに黒一色にして、頭に怨としるしをつけた。この一字くらいなら、これからはじまる街頭劇の幟旗にふさわしかろうと、芝居っ気もあったのである。

ここに出てくる「水俣病死民会議」の幟については、同じ『神々の村』の中で「細川先生ご臨終の日にわたしは〈水俣病死民会議〉という吹き流しを二十本つくった」と説明されている。細川先生とは、かつて新日本窒素の水俣工場付属病院院長であり、水俣病の原因究明に努力した医学博士細川一《はじめ》のことである。彼が亡くなったのは、一九七〇年一〇月一三日のことだから、「怨」の黒い幟は、この日以降に作られたものだということになる。

しかし、これは事実ではないようだ。訴訟派の患者たちを支援していた「水俣病を告発する会」の機関誌『告発』の第一七号（一九七〇年一〇月二五日付）に、次のような記事がある。

黒地に白く〝怨〟と染めぬかれた旗が、街ゆく買物客に無言に呼びかける。九月二十七日熊本市の繁華街を、水俣病を告発する静かな、そして揺ぐことのない決意が支配した。

「怨」の黒い幟は、細川の死の前から存在していたのである。その発案者が石牟礼自身であることは、真実なのだろう。ただ、それを細川の臨終と結び付けて語ったのは、彼女一流のフィクションだったように思われる。

大荒れの株主総会

チッソ株主総会は、一一月二八日の午前一一時から、大阪市西区の大阪厚生年金会館で開かれた。『読売新聞』同日付夕刊はその模様を、一面トップの「『チッソ』怒りの公害闘争」という記事で、次のように伝えた。

開会直後、一株株主の一部が壇上にかけ上がるなどして騒然となったが、役員の説得で降壇して議事にはいった。しかし会社側は強引な議事運営で、わずか五分で決算

図20　大荒れのチッソ株式会社株主総会（毎日新聞社提供）

などの議案を可決、一株株主に発言の機会を与えないまま閉会、水俣病に関する説明会に切りかえる戦法をとった。説明会は集団交渉の状態となり、患者や家族たちが江頭社長らをつるし上げた。

同紙は同じ夕刊の社会面の「〝怨〟晴れずチッソ総会」という記事の中では、この日の患者たちの姿を、次のように印象的に描写している。

　興奮に包まれ、騒然とした会場の片すみで、巡礼姿の患者が、十七年の怨念（おんねん）を押えるように目を見開き、涙をポロポロと流していた。

ここでぼくが注目したいのは、「怨念」

ということばである。同じ日の『毎日新聞』夕刊にも、「十数年間の『怨念』に報われたのは、わずか五分間の問答無用の〝審議〟だった」とあるし、『朝日新聞』夕刊にも、「十七年間たまりにたまった怨念（おんねん）が、会社側と対決する前からふきだす」とある。一般の報道だけではない。水俣病を告発する会自身も、『告発』第一九号（一二月一五日付）で、この日の総会について次のように述べている。

短い、だがすさまじい噴出の時間があった。情念などという手垢のついた言葉では表現し尽せぬ凝結した怨念の突き上げるような噴出であった。

真っ黒な幟に白く染め抜かれた「怨」の一字は、患者たちと「怨念」ということばを、強く結び付けたのである。

患者たちの「うらみ」

「怨」は、音読みでは「エン」または「オン」と読み、訓読みでは「うらむ」「うらみ」などと読む。この字を戴く幟が登場するより前、水俣病を告発する会がくり返し語っていたのは、患者たちの「うらみ」についてであった。

たとえば、『告発』第一二号（一九七〇年五月二五日付）の最初に掲げられた「われわれは存在をかけて処理委回答を阻止する」という文章には、次のような一文がある。

見舞金契約は水俣病に対するチッソの責任は認めないという前提のもとに患者におしつけられた契約であり、全水俣病患者のうらみの的となってきたものである。

「見舞金契約」とは、水俣病が公害病として認められるより前の一九五九年（昭和三四）に、新日本窒素と患者たちとの間に結ばれた契約のことである。これは、補償金額がきわめて低かった上に、将来、たとえ水俣病の原因が工場排水にあるとはっきりしたとしても、これ以上の補償請求は一切行わない、という条項を含む、悪評の高いものであった。

この『告発』第一二号が発行されたのは、厚生省の補償処理委員会による斡旋案が、いよいよ示されようとしているときであった。厚生省が「一任して欲しい」と言った、あの斡旋案である。その内容は、事前にマスコミを通じて洩れ伝えられていたが、訴訟派の患者たちにとっては、承服しがたいものであった。そこで、水俣病を告発する会は、この斡旋案もかつての見舞金契約と同じようなものだ、と非難したのである。

この文章では、わずか一二五〇字ほどの中に、「うらみ」が三度出てくる。六月一四日付の『告発』号外に掲載された「補償委回答阻止を闘った全国の友へ」という文章では、約一四〇〇字の中に「うらみ」は二回。同号に掲載された五月二七日付の声明書「最後までたたかう」では、七〇〇字余りの中に「うらみ」が二回用いられている。

補償処理委員会の斡旋案は、訴訟派の患者たちに、一一年前に結ばれた悪評高い見舞金契約を思い出させた。それは必然的に、この十数年間の苦難をも思い出させることになった。積年の思いが託されたのが、「うらみ」ということばだったのだ。

とすれば、「怨」の幟は、「うらみ」ということばから生まれて、それを「怨念」ということばへと変換した、と見ることができるだろう。

「怨」と「恨」の違い

しかし、「うらみ」と読む漢字は、「怨」だけではない。代表的なものとしては、ほかに「恨」がある。そして、例の「当用漢字表」には「恨」しか入っていないから、当時の一般的な国語表記では、こちらの方がはるかに多用されていたのである。

では、どうして石牟礼道子は、「恨」ではなく「怨」を選んだのだろうか。

「怨」の音読みがオンまたはエンであるのに対して、「恨」の音読みはコンである。音読みとは中国語の発音に基づくものだから、音読みが違うということは、この二つの漢字が、中国語としては本来、別のことばであることを示している。両者の意味の違いについては、中国文学者の松浦友久に、「詩語としての『怨』と『恨』」という論文がある。松浦によれば、「怨」は現実に対する不満を意味するのに対して、「恨み」は後悔を表すという。それは、他者への方向性を持つかどうか、という違いでもある。「怨」は現状への憤りをベースにしているために、その原因へと突き進もうとする性質を持つ。「恨」の場合は、根底にあるのは現状への諦めであるから、そういう方向性を持たないというのである。

この議論は、石牟礼が「恨」ではなく「怨」を選んだ理由を、うまく説明しているように思われる。チッソ株主総会に乗り込むにあたっての旗印としては、他者への方向性を強く持つ「怨」の方がふさわしいからだ。

しかし、「恨」と「怨」の二字が持つこの違いは、現代の日本人にも意識されているのだろうか。大槻文彦の『言海』、上田万年《かずとし》・松井簡治の『大日本国語辞典』といった、明治・大正時代を代表する国語辞典で「うらむ」を調べてみても、「怨」と「恨」の違いは説明されていない。また、たとえば夏目漱石の用いる「うらみ」はほとんど「恨み」であって、「怨み」と「恨み」を使い分けようとしているようすは、うかがえない。

どうやら、明治・大正時代には、この二つの漢字の意味の違いは、日本人の意識の中から失われていたようだ。日本人にとっては、他者への方向性を持とうが持つまいが、「うらみ」は「うらみ」でしかなかったのだ。

松浦友久が前記の論文を発表したのは、一九七七年（昭和五二）のことである。それは裏返せば、漢字の意味にことさら注意を払うべき中国文学者にとってすら、当時、「怨」と「恨」がほとんど同一視されていたことを、明白に示していると言えるだろう。

では、現代の日本では、この二つの漢字は完全に同じ意味を持つと考えてよいのかというと、ぼくはそうは思わない。そこには、中国語での区別とはまた違った、微妙な相違が生じていると思うのだ。

怨霊たちの物語

「怨」という漢字を用いる熟語は、そう多くはない。現代でも日常語として使われるのは、「怨恨」「怨念」「怨霊」の三つくらいであろう。「怨恨」は、「怨」も「恨」もひっくるめて言うことばだから別にすると、残るのは「怨念」と「怨霊」だけとなる。

実は、この二つの熟語は、中国語の辞書には出て来ないことばである。日本人が作り出した、日本語なのだ。日本人にとって、「怨念」や「怨霊」は、中国語由来の熟語では表し得ないものだったのだ。

日本史上、もっとも有名な怨霊は、菅原道真《すがわらのみちざね》の怨霊であろう。平安時代の中ごろ、政争に敗れて太宰府へと左遷されて憤死した道真は、やがて怨霊と化して平安京を恐怖のどん底に陥れる。政敵たちに次々にとりついて、死に追いやったのである。道真の怨霊は、天神様《てんじんさま》として北野天満宮《きたのてんまんぐう》に祀られるまで、祟りをやめることはなかった。

以後、平安時代には、関東で反乱を起こして敗死した平将門《たいらのまさかど》の怨霊や、保元《ほげん》の乱に敗れて讃岐《さぬき》（香川県）に流されその地で没した崇徳《すとく》上皇の怨霊などが、まことしやかに語られるようになる。

平安時代の終わりから鎌倉時代にかけて、血なまぐさい権力闘争がくり広げられる中で非業の死を遂げた人物は、必ずと言っていいほど、怨霊として語られることになった。そしてその流れは、室町時代になると、能という芸術にまで高められる。有名な般若《はんにゃ》の面を思い出してみるといい。あれは、怨霊と化した女性を表す能面なのである。そして、江戸時代の怪談の中に、怨霊がたびたび登場することは、指摘するまでもない。

現世に対して強い憤懣と憤りを抱いたまま死んだ人間は、怨霊となる。そして、その「不満と憤り」が、怨念なのである。「怨霊」も「怨念」も、平安時代の終わりごろに生まれたことばのようだが、それ以来、日本人はくり返しくり返し、怨霊たちの物語を、その怨念を物語ってきたのである。

つまり、日本人にとっては、「怨」は「うらみ」を意味する漢字であると同時に、「怨霊」の「怨」、「怨念」の「怨」なのだ。それは、「怨」という漢字が持つ本来の意味を、さらに先鋭にしたものとも言える。この場合の「怨」とは、死者の世界から生者の世界へと放たれた、不満と憤りの込められた一条の矢なのである。

生死の通い路にある漢字

このように考えてくると、石牟礼道子が「恨」ではなく「怨」を選んだ理由が、よくわかるような気がする。彼女は、患者たちの「うらみ」を、日本の伝統的な怨霊物語の系譜の上に載せたのだ。先に引用した『神々の村』の中で、彼女が「芝居っ気もあった」と書いているのは、それを意識してのことだろう。

より正確には、怨霊物語の伝統が、石牟礼道子に「怨」を選ばせたのだと言った方がいいのかもしれない。そして、各種報道機関がこぞって「怨念」ということばを用いたのも、この伝統のしわざだったのではないだろうか。

つまり、「怨」の幟は、「うらみ」を「怨念」へと転化させたのではない。水俣病患者たちの「うらみ」と、伝統的な「怨念」の物語の交差するところに、「怨」の幟は掲げられたのである。

　生死のあわいにあればなつかしく候
　みなみなまぼろしのえにしなり

『苦海浄土』の第三部、『天の魚』の冒頭に置かれた「序詩」の書き出しである。この一節に象徴されるように、石牟礼は、生者と死者の世界の間にあって、両者を簡単に行き来する。「怨」という漢字は、その通い路となっていたのではないだろうか。

彼女はこの「序詩」を、細川が死の病の床についたころから、書き始めていたという。だとすれば、彼女が「怨」の幟の由来を、細川の死と結び付けて語ったことも、あながちフィクションだとも言い切れまい。「怨」が常に、生死の通い路として存在するものだとすれば、「怨」の幟が細川の死と引き換えに生まれたことは、石牟礼にとっては「真実」だったのである。

文字でなくなった漢字

石牟礼道子は、「怨」が当用漢字でないことなど、おそらく意識していなかったことだろう。そんなこととは無関係に、彼女は「怨」の幟を考え出したことだろう。長い時を超えて、非業の死を遂げた人々の不満と憤りを連綿として背負ってきた「怨」という漢字は、他の漢字で置き換えることなどできはしない。当用漢字ではないから「恨」に書き換えてはどうですか、などとは、言えたものではないのだ。「怨」は「怨」でなくてはならず、唯一無二の漢字なのである。

新聞題字の「新」のときも、逓信省の「逓」のときも、新宮命名の「仁」のときも、漢字の唯一無二性が問題となった。しかしあのころは、唯一無二性は当用漢字という思想と、正面から対決しなくてはならなかったのだ。

それに対して、今度はどうだろう。新聞各社も、まるで石牟礼の呪術にかかったかのようにに「怨念」という漢字を用いて、省みるところがないかのようだ。「朝日新聞戦後見出しデータベース」で検索すると、当用漢字施行後、水俣病問題が大騒ぎとなるまでは、「怨」という字が用いられた見出しはわずかに二例しかない。しかしそれ以後は、水俣病問題に限らず、この字が頻繁に用いられるようになっている。

「怨」の幟は、「怨」という漢字を、当用漢字という束縛から解放したのである。それは、漢字の唯一無二性が漢字の自由を勝ち取ったのだ、と見ることができるだろう。高度経済成長の果てに待ち構えていた、水俣病という重く苦しい問題の前に、「窮屈」を強制する当用漢字の思想は、まったくと言っていいほどに、無力だったのである。

それほどまでの唯一無二性を身にまとった漢字は、もはや、「文字」ではなくなっているのではないかとさえ、ぼくは思う。「文字」というものが、本来は単なる意味伝達の手段なのだとしても、ときには漢字は、それ以上の、きわめて象徴的な役割を果たすことがあるのである。

たばこ「おおぞら」の物語

宙

鳴り物入りの新製品

一九七二年（昭和四七）は、さまざまな意味で記憶される年であった。札幌オリンピックでジャンプ競技の日の丸飛行隊がメダルを独占したのもこの年だし、連合赤軍あさま山荘事件が起こったのもこの年である。川端康成が自殺したのもこの年であれば、高松塚古墳で彩色壁画が発見されたのもこの年だ。そして、『日本列島改造論』をひっさげてあの田中角栄が首相の座に付いたのもまた、この年であった。

そんなこの年は、たばこ業界にとっても、忘れられない年となったことだろう。四月二〇日、大蔵省が、たばこの箱に「健康のため吸いすぎに注意しましょう」という注意表示

図21　おおぞら（たばこと塩の博物館所蔵）

を義務付けるよう、決定したからである。その表示を付けたたばこが初めて出荷されたのは、七月七日のこと。たばこという嗜好品は、単なる趣味の問題から健康問題へと変貌しつつあったのである。

そんな一年も終わりに近づいた一九七二年のクリスマス、日本専売公社（現在の日本たばこ産業株式会社）は、翌年一月五日から発売する新製品を発表した。その名は、「おおぞら」。全国たばこ販売協同組合連合会が発行する『全国たばこ新聞』の一九七三年一月一日付の記事によると、このたばこは、「国産黄色種を主原料に、オリエント葉、米国産黄色種シートたばこ、特殊加工した国産在来種、バーレー種などを配合して、たばこ本来のうま味に特に留意したもの」だという。が、残念ながら喫煙の経験がないぼくには、いったいなんのことだかチンプンカンプンである。

それでもこのたばこがぼくの興味を惹くのには、もちろん別な理由がある。「おおぞら」は、それまでしばらく、カタカナ名前のたばこばかりを発売してきた専売公社が、三年ぶりに世に送り出す日本語名のたばこであり、その箱のデザインは、プロのデザイナーに一五〇万円を払って依頼したという、鳴り物入りの新商品だったのである。

ところがこのたばこは、発売開始からわずか四〇日にして、自信満々であったはずの箱のデザインの変更を、余儀なくされることになる。

いったいなぜ、そんなことになってしまったのだろうか。

「宙」に「おおぞら」の読みはない

原因は、箱に使われた漢字にあった。「おおぞら」の箱は、放射状のブルーのグラデーションをバックに、中心に「宙」という漢字を置き、その下に小さく「おおぞら」というひらがなを配していた。このデザインが問題視されたのである。

新製品発表の翌日、一二月二六日の『読売新聞』朝刊によれば、「『宙はおおぞらと読めない』『国語教育を乱すもの』と国語学者などから早くもきびしい批判の声が上がった」という。さらに、翌年一月五日から北海道・静岡県・広島県などでテスト販売が開始されるやいなや、消費者からも同様の声が上がったのだ。

そういった批判に対して、専売公社はどう答えたのか。一月一八日付『読売新聞』朝刊の「追跡」欄では、「どの漢和辞典をひいてみても『宙』に『おおぞら』の読みはない」という、静岡県の商店主からの投書に対して、専売公社企画開発本部の副本部長が、次のように答えている。

宇宙の宙の字を〝おおぞら〟と読ませたのではなく、〝おおぞら〟という名前のたばこの、あれはデザインなのです。ごみごみした地球の中で、忙しく働いている人間が、真っ青なおおぞらをあこがれている。海よりも、空よりも広く、大きく、奥行きがある——。こうした感じをもった字は宇宙の宙です。

なんとも思い入れたっぷりのコメントである。「おおぞら」という名前なのであれば、「大空」という漢字を当てておくのが素直というものだろう。それをこの副本部長さんは、どうしても「宙」にしたいようなのである。

宇宙開発時代の輝き

同じ『読売新聞』の「追跡」欄によれば、「おおぞら」のデザインが決定するまでの経緯は、次のようなものであった。

新製品の命名が企画開発本部商品開発委員会にゆだねられたのは、一九七二（昭和四七）年の一月下旬。決定にあたっては、部内、知識人、たばこ愛好家などの意見を参考にし、五月中旬、「おおぞら」に決定。その際、「デザインの〝ヘソ〟に『宙』の字を配することも同時に決まった」という。

デザインを依頼したのは、六月上旬。依頼先は六社に及び、提出された候補は約五〇点に上った。ヘソに「宙」の字を配したさまざまな箱が五〇も集まった様子は、さぞかし壮観だったことだろう。

七月中旬から審査に入ったが、一部手直しが入ったり、東京、大阪、名古屋の愛煙家二七三人を対象に配色の調査を行ったりと、念には念を入れたようだ。最終決定がなされたのは、一一月上旬のことだった。

こうして見ると、「宙」の字はデザインだ、という専売公社の主張は、額面通りには受け取れない。少なくとも、デザイナーが気を利かせて提案したデザインではない。専売公社は「宙」込みでデザインを依頼したのだ。「おおぞら」と「宙」は最初から堅く結び付けられていたのである。

専売公社は、どうしてそれほどまでに「宙」にこだわったのだろうか。

先の副本部長は、この字のことを「宇宙の宙」と呼んでいる。ここからまず思い浮かぶのは、アポロ計画の影響だろう。アポロ一一号が人類初の月面着陸に成功したのは、一九

図22　アポロ11号の月面着陸を祝う
霞ヶ関ビル（共同通信社提供）

六九年七月二〇日。翌七〇年には有名なアポロ一三号の事故が起きるが、一九七一年から七二年にかけては、一四号以下四回の飛行がすべて成功している。

つまり、新製品「おおぞら」が開発された一九七二年とは、人類が定期的に月まで旅していた時代であった。宇宙開発時代の到来である。「宇宙」ということばが、光り輝いて見えたのである。専売公社の面々は、その輝きに魅せられたのに違いない。

最初に触れた通り、たばこ業界そのものは、当時、健康への影響という大きな問題を突き付けられていた。思い切ったイメージチェンジが必要だったはずだ。三年振りの日本語名のたばこは、そのために開発されたのであり、「宙」という漢字は、そのたばこに清新さと輝きを与えるために選ばれた漢字だったのではないだろうか。


なんとか「おおぞら」を見つけたい！


専売公社のそのような思い入れは、周りにはあまり理解されなかったようである。「おおぞら」が名前で「宙」の字はデザインだ、と繰り返し説明したにもかかわらず、批判の声はやむことがなかった。それればかりではない。消費者からの訴えによって行政管理庁が乗り出し、専売公社に対して質問書を出すという事態にまで至ったらしい。

追いつめられた専売公社が次に考えたのは、「宙」を「おおぞら」と読むことは可能だ、という証拠を探すことであった。事実上、デザイン説を取り下げたのである。

漢字の読み方を調べるとなれば、頼りにすべきは漢和辞典だ。しかし、ことは思い通りには運ばない。二月一六日付『読売新聞』朝刊の「専売公社の黒星」という記事では、そのあたりの動きを次のように伝えている。

「おおぞら」と読まぬ

デザイン変更でケリ

印刷ずみの一億個は売る

日本専売公社が先月初め売出した紙巻たばこ「おおぞら」のデザインをめぐって〝国語論争〟が賑わい、困りはてた同公社は十五日「近くデザインを変えます」と発表した。

問題となったのは外箱のデザイン＝写真＝。濃いブルーの下地に、薄いブルーの波紋が広がる箱の中心に書かれた「宙」の文字の下に、ふりがなのように「おおぞら」とある。ところが、漢和辞典を調べてみても「宙」の読みは「チュウ」「そら」はあるものの「おおぞら」は見当らなかった。はじめ、公社側は「あくまでデザインの問題で、ふり仮名というわけでは……」と苦しい答弁をしていたが、愛煙家から「おかしいではないか」との投書が公社や行政管理庁にあり、行管庁が事情調査に乗出すなど話が大きくなった。専売公社側も国会図書館にまで出かけ明治時代の漢和辞典も調べたが「おおぞら」という読みはなく、結局「公社が国語を混乱させるようなことはまずい」とデザイン変更を決めた。

「おおぞら」は現在、広島、静岡県下と北海道で売っており、三月から全国的に発売の計画だが、すでに箱を印刷してしまった一億個分はそのまま売り、六月ごろから切替えるという。

このため、百五十万円のデザイン料をかけた「宙」は短命に終ることになり、全国で七千人といわれるマニアにとっては欠かせない〝珍品〟ともなりそうだ。

専売公社が苦情によって箱のデザインを変えるのはこれが二度目。昭和十六年に「金鵄（きんし）」の箱に描かれた「神武天皇の弓」が「これを捨てたり、踏みつけるのは不敬にあたる」と問題となり、あわてて「弓」をはずしたことがあった。

図23　デザイン変更の発表を伝える新聞記事（『朝日新聞』1973年2月16日付朝刊）

公社は国会図書館で明治四十四、五年ごろ発行の漢和辞典四冊をかたっぱしから調べ、なんとか「おおぞら」という訓読みを見つけようと〝猛勉強〟したものの、結局徒労に終わった。

かくして、テスト販売開始からわずか四〇日後の二月一五日、専売公社は「おおぞら」の箱のデザインを変更すると発表した。あれほど熱を上げていた「宙」の字を外すことを、ついに決めたのである。

ところが、話はここで終わりではなかった。三月四日付『東京新聞』朝刊の「ニュースの追跡　話題の発掘」欄は、デザイン変更発表以後の動きを、次のように伝えている。

「宙」は「おおぞら」と読める！

そのニュースが新聞にのった翌日から、それまでの「ヘンだ」「けしからん」という投書に代わって「なぜ変える」という投書が公社に続々と届き出した。（中略）「宙」を「おおぞら」と読めると書いてある辞書――として公社に届いた辞書の種類は、明治はおろか江戸以前のものまで含めて二十数冊にのぼっている。

世の中みんなこうしたもの、と言ってしまえばそれまでだが、それにしても不思議なのは、「宙」を「おおぞら」と読めると書いてある辞書が、かくも大量に出現したことである。ここには、例の訓読みのバリエーションの問題が関わってくるのだが、それはさておき、考えてみれば、「明治四十四、五年ごろ発行の漢和辞典」をたかが四冊くらい調べただけでは、「かたっぱしから」と言うも大袈裟、「猛勉強」なんておこがましい。わざわざ国会図書館まで出かけた専売公社の調査は、不十分だったと言われてもしかたない。

もっとも、専売公社とて、そういう辞書が存在することをまったく知らなかったわけではないようだ。というのは、同じ『東京新聞』の記事には、国会図書館へ行って『類聚名《るいじゅみょう》義《ぎ》抄《しょう》』で確認した、という専売公社広報課長のコメントが掲載されているからである。

『類聚名義抄』とは、平安時代の終わりごろに編纂されたとされる漢字辞書である。国語学の研究者であれば知っていなくては恥をかくほどの重要な辞書だそうだが、一般人にはまったくなじみがないだろう。なにしろ古い辞書だから、いくつかの系統の写本があるのだが、調べてみると、そのうちの一つに、たしかに「宙」に「オホソラ」という訓を付したものがある。今をさかのぼること八〇〇年ほど前に、すでに「宙」を「おおぞら」と

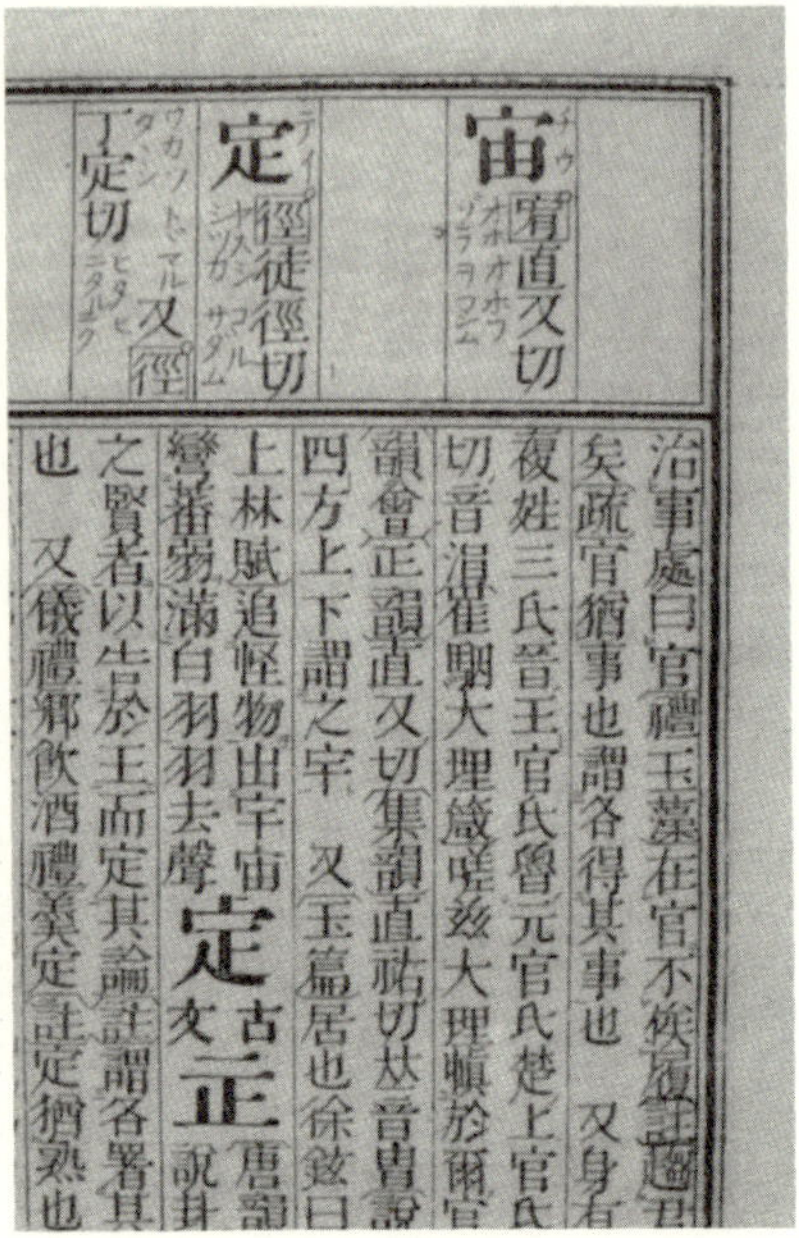
宙 直又切
定 徒徑切 又 丁定切
治事處曰官禮玉藻在官不俟屨註
矣疏官猶事也謂各得其事也　又身有
復姓三氏晉王官氏魯元官氏楚上官氏
四方上下謂之宇　又玉篇居也

図24　「宙」を「おおぞら」と読む辞書（石川鴻斎『鼇頭音釈康熙字典』、1883年〈明治16年〉刊）

読んでいる例があったのだ。

では、専売公社はなぜ、このことを大きな声で主張しなかったのだろうか。その点について、広報課長の説明は次の通りである。

しかし、昔読んだかどうかではなくて、現在の当用漢字音訓で読めないのは決定的ですから……

ここで問題は、当用漢字へと行き当たるのである。

知らなかったとは言わせない

ここで思い出すべきは、「当用漢字音訓表」である。

当用漢字という思想は、誰にとっても使いやすい日本語を作り上げることを目標としていた。この観点から見たとき、一つの漢字に複数の読み方があるというのは、漢字の持つ致命的な欠陥であるように思われた。そこで、漢字の読み方も制限しようとして制定されたのが、一九四八年（昭和二三）に制定された「当用漢字音訓表」であった。

「当用漢字音訓表」では、「宙」には「チュウ」という音読みしか掲載されていない。当用漢字という制度からすれば、それを「おおぞら」と読ませようなんて、とんでもないご法度なのである。

しかし、ここで一つの疑問が湧いてくる。それほど「決定的」な問題点があるなら、専売公社はなぜ、「宙」と「おおぞら」とが渾然《こんぜん》一体となったようなデザインの新製品を発表したのだろうか。

現代日本語について考えるとき、当用漢字という政策はたしかに重要だ。しかし、一般国民が常に当用漢字を意識して生活しているわけではない。とすれば、専売公社は「当用漢字音訓表」を十分調べないままに「おおぞら」の開発を進めていた、ということだって、あるかもしれない。

だが、残念ながらそれはない、とぼくは思う。実は、専売公社に「知らなかった」とは言わせないだけの事情が、ちゃんと存在しているからである。

「おおぞら」命名の背景で

「おおぞら」の新製品発表がなされるほぼ一年前、一九七一年（昭和四六）一二月二〇日、国語審議会は総会を開いて「当用漢字音訓表」の改定案の原案を決定した。それは、一九六〇年代から進められてきた当用漢字見直し作業の、最初の重要な成果であった。

原案が決定された翌日、新聞各紙はいっせいにこれを報道した。例によって紙面を賛否両論が飾ったのである。そして、改正案が最終的に決定したのは、翌七二年の六月二八日のことであった。

一方、専売公社が新製品の名称の検討を始めたのは、前述のように七二年の一月下旬。それが「おおぞら」と決まり、併せて箱のヘソに「宙」の字を配することが決まったのは、五月中旬のことであった。つまり、「おおぞら」という名前と「宙」を含むデザインは、「当用漢字改定音訓表」が世間をにぎわせているまさにその時期に、練り上げられたのである。

その過程で、「宙」を「おおぞら」と読ませてもいいものかについては、それなりの議論がなされたに違いない。その際、巷で話題になっている「当用漢字音訓表」なるものを覗いてみようという気を起こした人が一人もいなかったとは、考えにくいだろう。

もちろん、この表の「宙」のところには、改定前も改定後も、「おおぞら」なんて読みはありはしない。だから、専売公社内での議論は、「それでもいいのか」を検討する流れになったはずだ。

ただ、「当用漢字改定音訓表」には、従来の「音訓表」とは決定的に異なる点があった。それは、その前文に次のように説明されている。

先の音訓表は、表示した音訓以外は使用しないという制限的な精神によって定められたものであるが、それに対して、今回の改定音訓表は、一般の社会生活における、良い文章表現のための目安として設定された。従って、これは、運用に当たって個々の事情に応じて適切な考慮を加える余地のあるものである。

一九六〇年代前半から、国語政策に対して厳しい逆風が吹き始め、それが見直しの論議を引き起こしたことは、これまで見て来た通りだ。その結果として、「当用漢字改定音訓表」は、「制限」ではなく「目安」だということになったのだ。

国語政策は、ここに大きく舵を切ったのである。

このことは、「宙＝おおぞら」の追い風となったであろう。「当用漢字改定音訓表」には、「運用に当たって個々の事情に応じて適切な考慮を加える余地のあるもの」と書いてあります。それに、『類聚名義抄』という八〇〇年前に作られた権威ある辞書には載っているから、大丈夫です。――専売公社内部の議論の場で、そんな説明が、「宙」の字に思い入れを持っている人々によってなされたのではないだろうか。

「おおぞら」の運命

背景としてどのような事情があったにせよ、結局のところ、「おおぞら」の箱に「宙」の字が復活することはなかった。二十数冊もの辞書が束になってかかっても、一度決めたデザイン変更を、もう一度くつがえすことはできなかったのだ。

その後、「おおぞら」がたどった運命は、ちょっとした物語である。

デザイン変更が発表された翌日から、このたばこは異常な売れ行きを示すことになった。『北海道新聞』の一九七二年（昭和四七）二月一七日付朝刊市内版「ごんどら」欄によれば、札幌市内のデパートやたばこ店では、「一人で三個、五個とまとまって売れ、店員たちを驚かせた」という。

　このたばこは、本州でも広島と静岡しか売っておらず、この日、青森からきたという観光客はデパートで二十個も買い込み「なにしろ貴重品ですからね」と丁寧にバッグに詰め込む姿も見られた。

まったく、世の中にはいろいろなマニアがいるものだ。が、彼らの行動はちょっと勇み足だったようなのだ。「宙」の字が入った「おおぞら」の初期製造数は、一箱二五本入りで一億箱。専売公社は、それを売り切ってからデザインを変更することにしていた。その発表は、発売開始からわずか四〇日で行われたし、それまでの販売地域は限られていたから、この時点ではまだ、一億箱の大半が倉庫に眠っていたことだろう。そんなに多量に存在していては、プレミアの付きようもない。

専売公社が「おおぞら」の全国販売に踏み切ったのは、三月一五日。もちろん、箱には「宙」の字が入ったままである。「宙」抜きの新しい箱のデザインが発表されたのは、六月二五日になってからのことだった。

しかし、売れ行きは芳しくなかったようだ。それから三ヵ月ほど後の九月二五日、衆議院の大蔵委員会で、「おおぞら」の売れ行きが質問されている。日本専売公社総務理事、三角拓平《みすみたくへい》の答弁によれば、「おおぞら」の在庫は約三〇億本というから、約一億二〇〇〇万箱。「これから出回りますのは新しいデザインのものでございます」と言っているところを見ると、古いデザインのものも、まださばききれてはいなかったようだ。

専売公社が万感の思いを込めて開発した「おおぞら」は、期待を裏切り続けたのである。三角が答弁を、「それから『おおぞら』についてはすでに製造を一時休止いたしております。以上でございます」と結んでいるのが、なんとも悲しい。

表現としての漢字

ごみごみした地球の中で、忙しく働いている人間が、真っ青なおおぞらをあこがれている。海よりも、空よりも広く、大きく、奥行きがある——。

専売公社の企画本部長は、「宙」という漢字にそんな思いを託した。そんな彼の思いから、ぼくたちは、このころには、商品名あるいはデザインとしての漢字の役割が注目され始めた、という事実を窺い知ることができるだろう。それは、音声言語を書き記す手段としての「文字」という概念からはみ出した、「漢字」の役割であるように思う。なぜなら、ここで「宙」という漢字に求められているのは、「おおぞら」と口に出して発音しただけでは伝わらないものを表現することだからだ。

水俣病患者たちの「怨」の幟は、ほとんど「文字」でなくなっているかのようにさえ思われた。あのときほど鋭角的ではないにせよ、「おおぞら」騒動の「宙」もまた、単なる「文字」以上の役割を演じていたのではあるまいか。

一九七〇年代に入ると、漢字にそういう役割を求めるケースが、しばしば見られるようになってくる。創作漢字や創作当て字のコンテストが行われたり、難しい漢字を用いた広告が人目を惹いたり、そしてまた、むずかしい漢字を使ったグループ名を冠した暴走族が、日本列島のあちこちを走り回り始めたりしたのも、このころのことなのである。

ぼくはそれを、漢字の自由の拡大だと思う。でもそれは、当用漢字の制定当初に考えられていた自由ではない。あのとき求められていたのは、だれもが漢字を自由に使いこなせることであって、そのために漢字は、字数や字体や音訓など、さまざまな面で制限されてしかるべきだったのである。デザインや広告、グループ名などとして漢字を自由に使うということは、それとは次元を異にする。それは、漢字そのものを自己表現の一つとして用いるということなのだ。

漢字の自由は、当用漢字という思想が当初、予想もしていなかったような形で、拡大し始めたのである。

「制限」の旗が降りた後

それでは、時代は漢字にとってバラ色に開けつつあったかというと、そうでもない。

専売公社の企画本部長が「宙」という漢字に込めた思いは、逓信省問題のとき、郵政官僚たちが「逓」という漢字に抱いたノスタルジーと、似たようなところがある。例によって、そこにぼくは、漢字の唯一無二性を見る。

ただ、あのときと違うのは、当用漢字という思想の総本山である国語審議会そのものが、世間からの強い批判を受けた結果、「制限」という旗を降ろしつつあったことだ。「当用漢字改定音訓表」が「目安」として制定されたのは、その一つの現れである。

にもかかわらず、「宙」という漢字に込められた思いは、漢字制限という思想の前にはね返されてしまったのだ。これはいったい、どういうことなのだろう。

新宮命名問題の最後に見たように、漢字に関する「基準を求める心」は、人々の間に常に存在している。ここにきてだんだん明らかになってきたことは、それが、国語審議会の議論の行方などとはあまり関係がないようだ、ということではないだろうか。だからこそ、専売公社は消費者からの訴えに対して、有効な反論ができなかったのだ。

もちろん、当用漢字に現れた「制限」の思想が、国民の間に存在する「基準を求める心」を増幅した、ということはあるだろう。しかしそもそも、個々人がそれぞれ勝手な思い込みで文字を使用しては、コミュニケーションは混乱する。コミュニケーションが円滑に行われるためには、文字に関するなんらかの基準がどうしても必要だ。戦時中のスローガン「八紘一宇《はっこういちう》」が示していたのは、端的に言えば、そういうことだったのだ。「国語の民主化」だの「漢字制限」だのといった旗が掲げられていようといまいと、「基準を求める心」は常に存在していて当然なのである。

「おおぞら」騒動の時代、国語政策は「制限」から「目安」へとシフトした。漢字制限という思想が表舞台を去った後、そこには「基準を求める心」だけが残ったのである。

表現としての漢字の自由と、漢字に関する基準を求める心――。

一九七〇年代前半、両者は時を同じくして漢字の世界の表舞台に登場して来た。「おおぞら」騒動が示しているのは、ただし両者はそう簡単には妥協できそうにない、ということなのである。

「よい子の像」碑文裁判

元気で仲よく根気よく

栃木県は矢板《やいた》市、市立矢板小学校の正面玄関脇に、創立一〇〇周年記念のブロンズ像が設置されたのは、一九七三年（昭和四八）一一月二七日のことである。空を見上げる少年少女をかたどった二体一組の像で、その名も「よい子の像」という。建設費は、ＰＴＡや同窓会を通じた寄付のほか、三年がかりで児童が集めた小銭募金や廃品回収の代金など、一五〇万円が当てられたという。

この像の台座には、正面に校訓「元気で仲よく根気よく」が刻まれ、側面には、建立の経緯を記した文章一二五字が彫り込まれている。この合計一三五字は、地元在住で全国的にも名を知られたある書家が、創立記念行事の実行委員会から依頼を受け、謝礼なしの善意で揮毫《きごう》したものであった。

ところが、この像が建立されてから数ヵ月しか経たない一九七四年春、PTA総会の場で、意外なところからクレームが付いた。ある書道愛好家が中心になって、像の台座に刻まれた文字の中に誤字がある、と言い出したのだ。もちろん、だれが見てもはっきりしているような誤字があるはずはない。学校教育の場で児童が手本にすべき字としては問題がある漢字が含まれているから、碑文を改刻した方がいいのではないか、というのである。

騒動は広がる

では、具体的にどのような漢字が、問題があるとされたのだろうか。

図26は、台座の正面の文字である。このうちの「仲」は、「亻」の縦棒が上に突き出ているのがいけないという。「根」は、「艮」の最終画、右払いの始まりが左斜め上に突き出ているから誤字だというのだ。この二字だけではなく、側面に書かれた文章の中にも、数多くの「誤字」が含まれているというのが、改刻を求める人たちの主張であった。

この指摘を受けた矢板市の教育委員会は、碑文の写真を文部省に持ち込んで相談した。しかし、かりにも高名な書家が筆をとった文字である。それは一つの芸術であるから、文部省の返答も、歯切れが悪い。そうこうしているうちに、問題は市議会にまで飛び火した。

図25　よい子の像

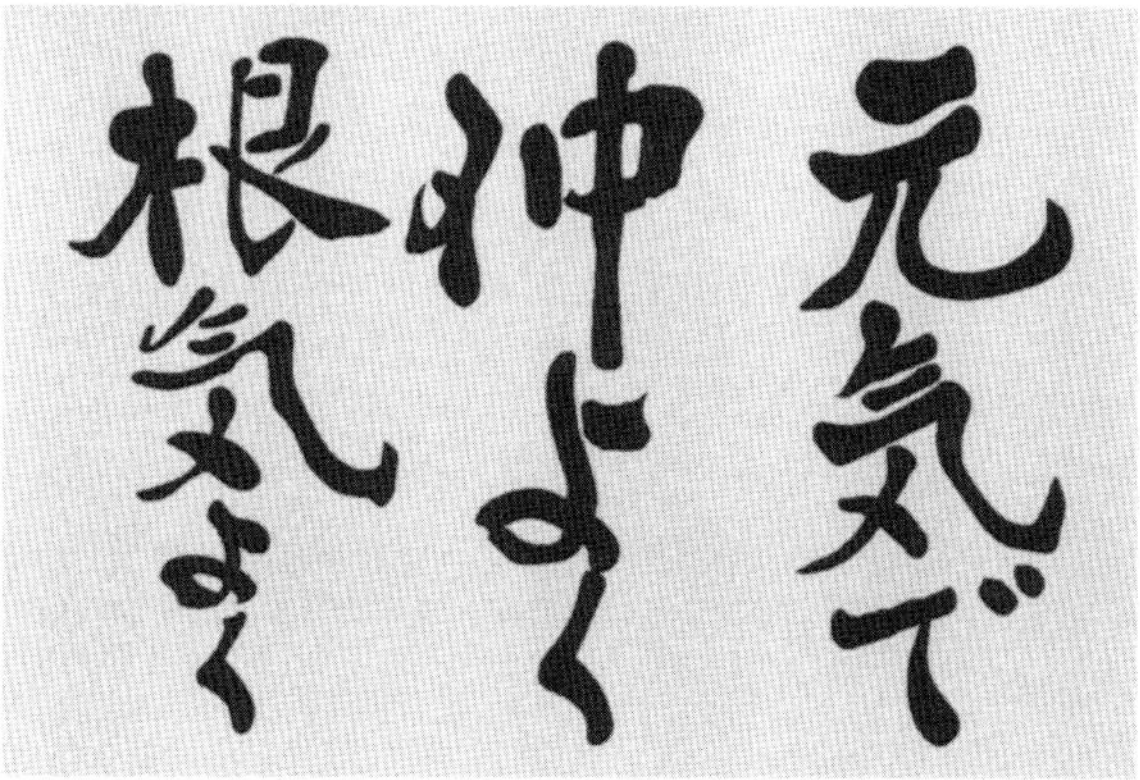

図26　台座正面に刻まれた文字

当時、ＰＴＡの役員を務めていたある保守系有力市会議員が、「改刻の必要なし」と主張したのだ。こうなると当然のように、革新系の議員は改刻を求める声を支持する。「よい子の像」をめぐって、市政が二分されたのである。

それから約二年の間、改刻要求派は、父母から署名を集め、それを教育委員会や学校に提出して、台座の字を直すことを求めた。署名活動に応えた人の数は、六〇〇人余り。当時の矢板小学校の児童数は約九三〇人というから、ＰＴＡ内部でも、改刻に賛同する人は少なくなかったのであろう。

しかし、教育委員会からも学校からも、彼らが納得するような答えが得られることはなかった。業を煮やした改刻要求派は、ついに問題を法廷に持ち込むことを決意する。一九七六年（昭和五二）五月二〇日、彼らは矢板市に対して碑文の一部訂正を求める民事訴訟の訴状を、宇都宮地方裁判所大田原支部へ発送したのである。

学校のシンボルとして建てられた「よい子の像」は、とうとう、裁判の場に引っ張り出されて、世間の注視を浴びることになってしまったのだ。

標準字体でしばる必要があるのか

訴状提出に先立つ五月一二日の『朝日新聞』朝刊は、この問題を「芸術か？　誤字か？」という見出しの下に報じている。また、同二〇日の『下野《しもつけ》新聞』は、朝刊の「ニュースコープ」という欄でこの騒動を紹介しているが、そこに付けられた見出しもまた「正しい文字か芸術か」というものであった。この裁判は、書道という芸術と、漢字教育との争いとして認識されたのである。

五月一三日、『朝日新聞』朝刊の「天声人語」は、この問題を取り上げた。天声人語子《し》は、まず、碑文の漢字を「厳密にいえばおかしい」とした上で、しかし「そうきびしく標準字体でしばる必要があるのだろうか」と疑問を投げかける。

　父母の頭にはおそらく漢字の書き取りテストのことがあるのだろうが、一方では今のテストはあまりにも標準字体にしばられすぎている、という批判もある。

天声人語子が批判しているのは、漢字の書き取りテストの採点が、いわゆる「とめ」や「はね」など、微細な部分まで正誤の対象にしていることである。たとえば、「木」の真ん中の縦棒の一番下は、「当用漢字字体表」でははねていない。そこで、ここをはねてしまうと、テストで×にされてしまう。しかし、それは「筆の勢いとしてふつう認められている」のではないかと、天声人語子は言う。そして、最後に次のように訴えるのである。

一点一画を顕微鏡でなめまわし、標準字体以外はすべて間違い、というような○×式の漢字教育を続ければ、かえって漢字ぎらいの子をふやす結果になる。

この日の「天声人語」のキーワードは、「標準字体」である。ちょうどこのころ、漢字教育の世界では、このことばが問題になりつつあったのである。

受験戦争の時代

戦後民主主義が教育に与えた影響のうち、一番はっきりとしているのは、進学率の変化であろう。一九五〇年（昭和二五）に四二・五％であった高校進学率は、二五年後の一九七五年には九一・九％にまで上昇する。大学および短大への進学率は、一九五五年には一〇・一％、一九七五年は三八・四％である。

もちろん、進学率がいかに上がろうとも、それが一〇〇％にならない限り、そこから洩れてしまう人がいることは、先に「記号式投票と狭山事件」の節で取り上げて問題にした通りだ。だから、この種の数字を扱う際には、注意が必要だ。とはいえ、義務教育だけでは教育を終わらない人がこれだけ増えたという事実は、争えない。戦後民主主義は、教育の平等をかなりの割合で実現したのである。

その一番の原動力となったのは、言うまでもなく経済成長であろう。一九五〇年代、六

図27　学習塾の小学生授業風景（1975年ころ、共同通信社提供）

〇年代の二〇年間で、日本経済は驚くべき成長を遂げた。その結果、国民はかつては考えられないほど豊かになった。その金銭的余裕がなくては、子どもを高校に通わせることはできなかったのである。

しかし、当用漢字だって、その功労者の一端に数えられてもいいだろう。戦前、日本の書きことばに多く使われていた難解な漢語が、戦後になって格段に減ったことは、一般論として間違いないだろう。その結果、学習が少しでも円滑に進むようになったとすれば、それは当用漢字が目指した理想郷であったはずなのだ。

ところが、教育の平等は、意外な副作用をもたらすことになった。受験戦争の過熱である。進学率が上昇したということは、より高度な教育を受けようとする者が増えたことを意味した。しかし、彼らを受け入れる教育機関の方は、そう簡単に定員が増えるわけではない。伝統ある名門校ならなおさらだ。その結果、競争が激しくなるというのは、需要と供給の関係から導き出される、当然の結果だったのだ。

過熱する受験競争は、小学生の世界にまで及んだ。『毎日新聞』が連載記事「子供の森」の中で「乱塾」ということばを生み出し、それがちょっとした流行語になったのは一九七五年秋のことだ。翌年になると、高校進学について悩んだ母子が一月一九日に起こした神奈川県下の心中事件を、『読売新聞』が「偏差値心中」として大きく報道、世間を驚かせた。世はまさに、受験戦争の時代へと突入していたのである。

字体の微妙な差異が問題に

受験戦争は、さらにひずんだ形の影を、漢字の上に落とすことになった。競争が激化すると、受験者はより一層、勉強に励まざるを得ない。すると当然、受験者全体の学力レベルは上昇する。そうなると、以前と同じようなテストをしていたのでは、得点が高い方に片寄ってしまい、選抜が難しくなる。いわゆる「差がつかない」という状況である。そこで、選抜する側も、「差がつく」ようなテストを作る必要に迫られることになった。

国語の場合、難しい漢字を出題すれば、テストの難易度を簡単に上げることができそうに思える。ところが、小学校六年間の漢字教育は、「『青い山脈』の恋」の節で触れた「当用漢字別表」によって制限されている。これでは、むずかしい漢字を出題することはできないのだ。

そこで勢い、採点の際、漢字の字体の微妙な差異が問題にされるようになった。「当用漢字字体表」の字体を厳格に適用して、それ以外を誤りとする。そうすることによって、テスト結果に「差」を付けようとし始めたのである。

「当用漢字字体表」は、たしかに漢字の字体の基準を示している。その基準が、極端に厳密に求められるようになったのである。それは、漢字に関する「基準を求める心」が、受験戦争と結び付いた結果であった。

有名私立中学の入試がそのような採点を始めると、進学塾も対応して、微細な字体を覚え込むよう、児童に指導するようになる。一九七六年（昭和五一）五月二〇日の『下野新聞』朝刊「ニューススコープ」欄は、「よい子の像」裁判に関して、「指摘されている文字をこのまま書き取りで書けば間違いではある」という矢板小学校校長の談を伝えている。微細な字体の差異を問題にする漢字教育は、小学校の教室の中にまで入り込んでいたのである。

「よい子の像」騒動を通じて天声人語子が見つめていたのは、漢字教育をめぐるこのような状況だったのだ。

標準字体の統一

漢字教育のこの傾向は、さらに厄介な問題を引き起こすことになった。

当時、小学校の国語教科書を発行している出版社は五つあったが、各社はそれぞれ、「当用漢字字体表」を基にして作った独自の活字を使っていた。この活字は、世間一般でふつうに使われている明朝体活字とは違って、手書きに似せてデザインされた「教科書体」と呼ばれる活字である。しかし、各社の教科書体活字の間には、当然ながら微妙な差異があった。

図28に掲げた「糸」「耳」「女」「年」の四種類の漢字は、いずれも当時、小学校一年生で学習することになっていた漢字である。それぞれに微妙な差異があるのが、おわかりいただけるだろう。天声人語子が「一点一画を顕微鏡でなめまわし」と苦々しげに言っていたのは、具体的にはこういうものだったのである。

事実、天声人語子も言っていたように、漢字の字体は「標準字体以外すべて間違い」というようなものではない。とはいえ、時は受験戦争の時代、そんなに悠長に構えてもいら

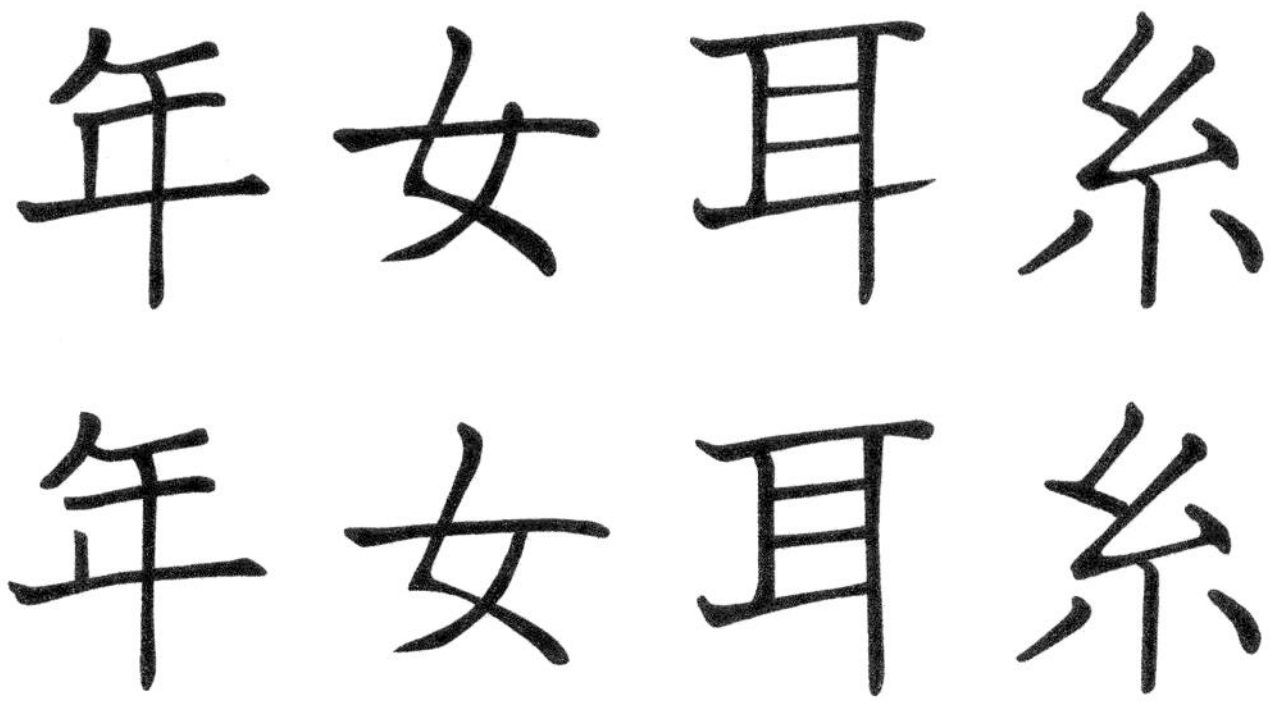

図28　教科書体活字間の差異

れない。たとえば、図の上段に掲げた活字を使った教科書で勉強してきた子どもが、下段の活字の教科書を用いている学校に転校したとする。その子が教科書に出てくる漢字の字体を寸分の狂いもなく覚え込んでいたとしたら、その子は新しい漢字環境に、とまどいを連発することになるだろう。今までは間違いだと教えられていた漢字が正しいとされ、正しいと思って勉強していた漢字が間違いだとされるのだから。

実際、そのような苦情が文部省や教科書会社に持ち込まれることも少なくなかったらしい。そこで、文部省が音頭を取って、教科書用の活字の字体を統一することになったのは、「よい子の像」裁判が始まった翌年、一九七七年（昭和五二）のことであった。この年に告示された「小学校学習指導要領」の中に、それまで明朝体でしか示されていなかった教育漢字が初めて教科書体活字で示され、漢字指導にあたってはその字体を標準とすることが、明記されたのである。

かくして、学校教育での漢字の字体は統一され、問題は解決したはずであった。しかし、悪いことには悪いことが重なるのが、世の常というものだ。この字体統一は、世間からは悪評をもって迎えられることになったのである。

一面トップの大見出しに

この字体統一を含む「学習指導要領」の案が発表されたのは、一九七七年（昭和五二）の六月八日のことである。翌日の『読売新聞』朝刊は、文部省視学官の藤原宏の次のようなコメントを載せている。

漢字の字形の標準化をはかったが、あくまでトラブルが多いためといった措置で、教師は採点する際（教える際ではない）、漢字には許容例があることを知った上で当ってほしい。

受験戦争時代のトラブルに対処するために、とりあえず標準字体を定めておくが、それだけが「正解」なのではない。それが文部省の見解だったのである。

このときの指導要領の改定は、過熱する一方の受験戦争への対策として「ゆとりのある充実した学校生活作り」をねらいとしていた。マスコミの視線も、このねらいがどう実現されているかに集まっていた。この時点では、漢字の字体など、ほとんど気にもされていなかったのである。

事態が急転回したのは、七月二三日、「学習指導要領」が正式に告示されてからのことである。翌二四日の『読売新聞』朝刊は、この告示を「漢字の字体統一」という大見出しを付けて一面トップで伝えた上、社会面でも「〝字体統一〟これでスッキリ?」という特集記事を組んだ。『毎日新聞』も社会面に「『正しい漢字』に〝幅〟」という記事を大きく載せたし、『日本経済新聞』『サンケイ新聞』や地方紙も、こぞって字体の統一を大きく取り上げたのである。

文部省、火に油を注ぐ

一ヵ月半前にはほとんど省みられなかった字体の統一が、どうして急に脚光を浴びることになったのか。同じ二四日付『北海道新聞』『中日新聞』『西日本新聞』などに掲載された、同一文の記事の冒頭の一文を読んでみよう。

「漢字は骨格があっていれば、はねていようが、はみ出していようがかまわない」と説明したばかりの文部省が二十三日の新学習指導要領告示で、先に発表した原案の教科書漢字の標準字体をわざわざ一部修正するという矛盾した措置をとった。二七日付の『毎日新聞』朝刊「余録」も、同様の批判を行っている。いわく、「どちらでもよいものを、一方が『標準』というのはどういう論理だろう」。

実は、文部省はこの一月半の間に標準字体のいくつかを「修正」していたのである。その数は、四九字。あくまでトラブルに対処するためだけの標準字体なのだとしたら、どうして修正する必要があったのか。文部省の真意は、実は標準字体の徹底にあって、受験戦争の火に油を注ごうとしているのではないか。それが、字体の統一に批判の矛先が向けられた理由であった。

文部省はなぜ、痛くもない腹を探られるようなことをしたのだろう。そのへんの事情は、二四日付の『日本経済新聞』朝刊が詳しい。同紙によれば、標準字体の検討は、「細かい点や線をめぐり担当官の間で議論百出」となり、六月八日の指導要領案の発表には間に合わず、とりあえず、ある社の教科書体活字を使って間に合わせた。その後、教育漢字を全て再検討して、「国語教科書の実態、書きやすさ、格好の良さ」などを考慮した結果、四九字が修正されることになったという。

しかし多くのマスコミは、こういった事情を酌量しはしなかった。『毎日新聞』は、八月二日付朝刊で「むずかしいなぁ標準字体」という大きな記事を組み、『標準』を決めるより『標準』がなくてもいいように受験競争の緩和をはかるべきだ」と訴えた。また、『朝日新聞』も同一四日の朝刊に「『標準字体』に異議あり」というこれまた大きな記事を掲載、「なぜ標準化する必要があるのか」と疑問を呈した。

文部省の意図とは裏腹に、標準字体への批判は、大きくなるばかりだったのである。

国語の教材か、芸術の教材か

矢板小学校の「よい子の像」に関する裁判の第一回口頭弁論が行われたのは、一九七六年九月一日のことである。以後、一九七八年七月一九日に至るまで、都合一二回の口頭弁論が開かれ、現場検証も行われた。宇都宮地方裁判所大田原支部が判決を言い渡したのは、同年九月二九日のことである。

争点となったのは、学校教育法の第一八条で定められている小学校の教育目標のうち、四号と八号であった。

四、日常生活に必要な国語を、正しく理解し、使用する能力を養うこと。

八、生活を明るく豊かにする音楽、美術、文芸等について、基礎的な理解と技能を養うこと。

原告は、「よい子の像」設置の目的は四号にありとして、標準字体でない文字の改刻を要求する。被告は、目的は八号なのだとして、その必要なしと主張したのである。

裁判は丸二年にわたって行われたわけだが、「学習指導要領」の標準字体をめぐる騒動は、時間的にちょうどその中間に位置していた。となれば、裁判所がどのような判断を示すのか、気になるところである。「よい子の像」は国語の教材なのか、芸術の教材なのか。その台座に書かれた字体は標準字体でなくてはならないのか、そんなことは気にしなくてもよいのか。

ところが、判決はこの点について、肩すかしとも取れるようなものであった。

本件像そして碑文字が教育法一八条の何号に該《あた》るか（四号のいわゆる国語教育に寄与するものか、八号のいわゆる芸術教育に寄与するものか）の判断（決定権）は専ら教育主体である被告（学校側）の自由裁量に属するものといえる。

「よい子の像」を国語の教材にするのか、芸術の教材とするのかは、学校が自由に決めてよろしい。だから、この問題は司法が介入するようなものではない。それが、裁判所の判断であった。改刻請求は棄却されたのである。

「基準を求める心」の暴走

考えてみれば、この判決はごくごく当たり前のことを言っているにすぎない。ある素材を教材としてどのように料理するのかは、教師の自由であり、腕の見せどころである。どの教科の教材として使おうが、とやかく言われる筋合いのものではないだろう。

ただ、おもしろいのは、判決文の中にある、次のような学校側の主張である。

多くの児童は教科書と違う行書、草書等の字体、点画の書き方をテレビ、映画、写真等で知っておりそれが実際の社会では誤まりともされず通用していることも知っている。

ここに見られるのは、学校側のある種の開き直りである。先に触れたように、校長先生は「指摘されている文字をこのまま書き取りで書けば間違いではある」と言っているのだ。しかし、それはあくまで「書き取り」でのことなのだ。国語教育を離れてしまえば、そんなものにたいした価値はない。そしてそんなことは、子どもたちだって先刻ご承知のことだというのだ。

しかし、改刻派の人々は、そうは取らなかった。それはなぜなのだろうか。

彼らだって、現実の生活の中では、少々標準字体から外れた漢字でもコミュニケーションに支障がないことくらい、知っていただろう。でも、それでは受験戦争には、勝ち抜けないのだ。わが子を受験戦争の勝者とするためには、建前と本音を使い分ける学校側の論理に従っているわけにはいかないのだ。

そうして彼らは、「学習指導要領」の「標準字体」にしがみつく。文部省がいかに行き過ぎを抑えようとしても、「標準字体」は受験の世界において、絶対的な基準となっていく。今や国家は押しつけを避けよう避けようとしているのに、国民の方が、自発的に基準を作り上げていくのである。

戦後間もないころ、『青い山脈』が示していたのは、学校教育とは別のところで人々の生活に溶け込んでいる、漢字の姿であった。あれから三〇年余り。今や漢字は、学校教育――受験戦争という檻の中へ檻の中へと、追い立てられているようにすら見える。

一九七〇年代後半、受験戦争によって増幅された「基準を求める心」は、現実生活からはるかに離れたところへと、暴走し始めていたのである。

自由と平等の相克——エピローグ

「民主主義」の名の下に

『読売報知』が社説に「漢字を廃止せよ」と掲げて、当用漢字制定の口火を切ったのは、一九四五年（昭和二〇）年一一月一二日のことだった。小説家の高見順《たかみじゅん》は、この社説を読んだ感想を、翌日の日記に次のように記している。

大反対である！「漢字がいかにわが国民の知能発達を阻害しているか」——これに私は異論を立てようというのではない。しかしだからと言ってローマ字を採用せよという暴論には、怒りの血のわき立つのを覚える。「民主主義」の名の下に、バカがいろいろ躍り出る。

高見順は、一九〇七年（明治四〇）、福井県に生まれた。大学時代には左翼活動に深くかかわったものの、卒業後、治安維持法違反の容疑で検挙されて転向。一九三五年に『故旧忘れ得べき』で第一回芥川賞候補となって、文壇に認められた。戦時中には、陸軍報道班員として東南アジアに赴いたこともある。

青年時代にマルクス主義の洗礼を受け、壮年期にさしかかって太平洋戦争従軍。そんな経歴を持つ高見にとって、しかし『読売報知』の主張は「暴論」でしかなかった。ここまで、当用漢字にまつわる数々の事件を一通り眺めてきたぼくたちとしては、この高見の意見に、もっともだとうなずきたくなることだろう。

ただし、注意しなくてはならないのは、彼が腹を立てているのは、ローマ字採用を説く「バカ」に対してであって、「漢字がいかにわが国民の知能発達を阻害しているか」という議論に対してではないことだ。彼は、二ヵ月ほど後、翌年の一月一一日の日記に「日本字の改良と日本字の廃止とは別問題である」と記している。ローマ字論者を罵倒する高見にとっても、漢字は、なんらかの形で「改良」されねばならぬものだったのである。

当用漢字の論理

漢字が知能発達を阻害するというのは、平たく言えば、漢字を勉強するのはたいへんだ、ということだ。少しでもその負担を減らして、余った力を他へ振り向けることができれば、教育にあまりお金と時間をかけられない一般庶民にも、知識獲得の機会が大きく開けるはずだ。——余った力がそう素直に勉強に振り向けられるものか、大いにあやしいところだが、この論理は一応、それなりの説得力があるように思われる。

「朕《ちん》深ク世界ノ大勢ト帝国ノ現状トニ鑑《かんが》ミ、非常ノ措置ヲ以《もっ》テ時局ヲ収拾セムト欲シ、茲《ここ》ニ忠良ナル爾臣民《なんじしんみん》ニ告グ……」

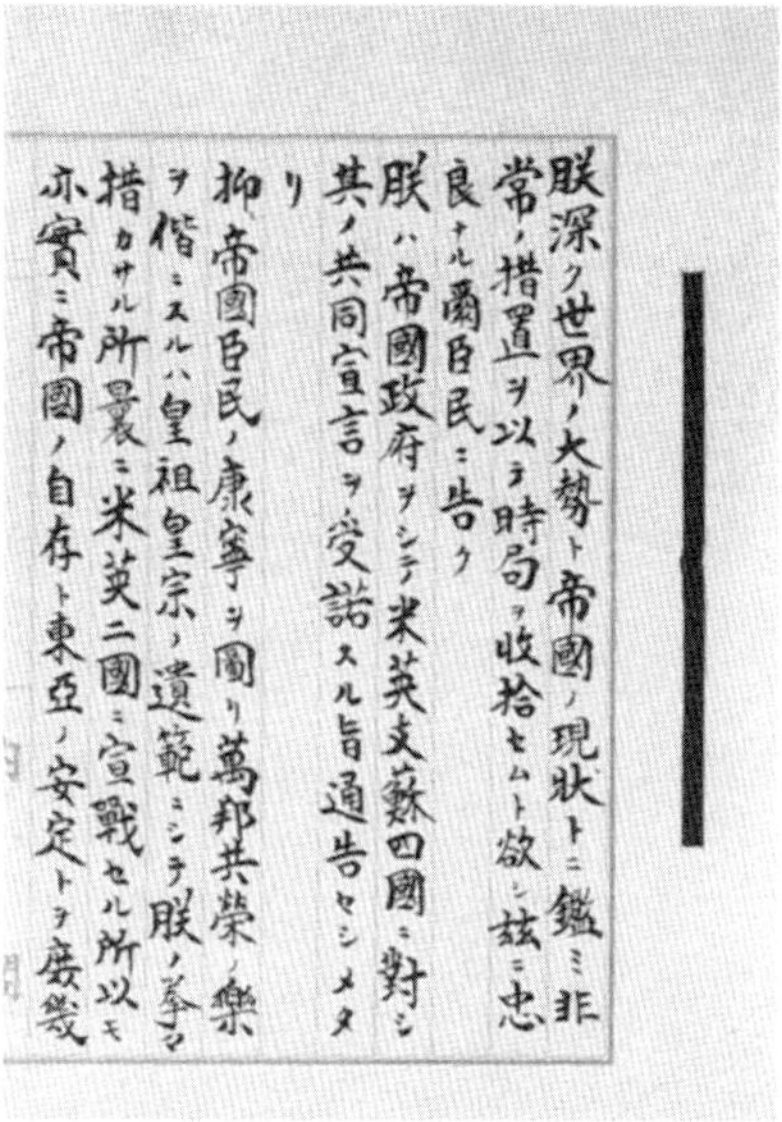
朕深ク世界ノ大勢ト帝國ノ現狀トニ鑑ミ非常ノ措置ヲ以テ時局ヲ收拾セムト欲シ茲ニ忠良ナル爾臣民ニ告ク
朕ハ帝國政府ヲシテ米英支蘇四國ニ對シ其ノ共同宣言ヲ受諾スル旨通告セシメタリ
抑々帝國臣民ノ康寧ヲ圖リ萬邦共榮ノ樂ヲ偕ニスルハ皇祖皇宗ノ遺範ニシテ朕ノ拳々措カサル所曩ニ米英二國ニ宣戰セル所以モ亦實ニ帝國ノ自存ト東亞ノ安定トヲ庶幾

図29　終戦の詔書（国立公文書館所蔵）

あの終戦の詔勅だけが例外なのではない。多くの公文書がこういう漢字の多い文体で書かれていたあの時代、「漢字を勉強するのはたいへんだ、だから漢字を減らそう」という論理は、現在よりはるかに説得力を持っていたと考えねばならないだろう。

当用漢字という思想が、曲がりなりにも支持され、実行に移された理由の一つは、ここにある。それは、漢字の使用を制限することによって、その学習を容易にし、知識獲得の機会を国民全体に広く解放することを目指すものであった。高見順の日記からも窺える通り、そういった意味での「国字改良」は、当時、広く支持されたものだったのだ。

しかしそれでは、漢字を知識獲得・情報入手の手段としてしか見ていない、ということにならないだろうか。つまり、当用漢字の論理にとって大事だったのは、情報の受け手のみであって、送り手ではなかったのではないだろうか。だからこそ、情報の受け手の便宜のために、送り手たちは「一時の窮屈」を我慢するべきだ、と考えられたのだ。

では、その「情報の送り手」とは、いったいどんな人たちなのだろうか。

作家、学者、官僚、新聞記者——そういった人たちは、もちろん「情報の送り手」の代表だ。でも、たとえば『青い山脈』の「恋」はどうだろう。名もないラブレターの書き手だって、「情報の送り手」であるはずだ。当用漢字は、そんな人たちにまで「一時の窮屈」を我慢するよう、本気でお願いするつもりだったのだろうか。

国民誰もが、いつだって「情報の送り手」となりうる。そのことを、当用漢字の論理は忘れていたのではないだろうか。

漢字の二つの側面

情報の受け手——受容者を中心に考えた場合、漢字の数は少なく、学習が容易であるにこしたことはない。一方、情報の送り手——表現者の立場から考えると、漢字が制限されるということは、自己の表現が制限されることにつながる。

当用漢字の時代は、漢字の持つこの二つの側面が引き起こす摩擦を巡って展開してきた。新聞題字の「新」、「逓信省」の「逓」、そして新宮命名の際の「仁」、いずれの場合も、問題の原因は、表現者にとっては他の漢字では置き換えることのできない、漢字の唯一無二性にあった。当用漢字が目指した、受容者にとっての漢字の平等は、表現者のアイデンティティをも脅かしかねないものだったのである。

そういう問題を抱えつつも、当用漢字は所期の目的を達成したといっていいだろう。たしかに、選挙の時に困るほど文字が書けない人は、当用漢字が発足して以後、格段に減っていった。国民の漢字力の底辺は、当用漢字以前に比べて、確実に上昇したのだ。もしそれがなかったら、あの狭山事件はまた違った展開をたどっていたことだろう。

しかし、歴史とは皮肉なものだ。教育の平等が行きわたれば行きわたるほど、当用漢字の存在価値は、軽くなっていく。いつの時代だって、人々は「漢字を勉強するのはたいへんだ」と思っている。しかし、現実に漢字制限がある程度定着してしまうと、その「たいへんさ」は、「だから漢字を減らそう」と思うほどではなくなってきたのである。

その結果、あらわになってくるのは、自己表現の手段としての漢字の自由の拡大である。自己表現というのは、個性を求めるものだ。漢字制限がある程度定着した社会では、制限の外に置かれている漢字には希少価値が生まれる。個性を求める人々の眼には、その希少価値が唯一無二のものに映る。表現者たちは唯一無二の漢字を求めて、「当用漢字表」の外へと出かけるようになったのだ。水俣病の「怨」の幟や、専売公社のたばこ「おおぞら」などは、その現れである。

だが、時代の流れはそう単純でもないのだ。当用漢字の論理が影を薄くし、漢字の自由が幅を利かせるようになる一方で、漢字に関する基準を執拗に求める人々も後を絶たないのだ。たとえば、略字を使用した見習社員を解雇しようとした会社があったように。あるいは、「おおぞら」のデザインを廃案に追い込んだ人々がいたように。そしてまた、「よい子の像」の碑文に憤激して、裁判にまで訴え出た人々がいたように。

常用漢字の誕生

当用漢字の時代が終わりを告げたのは、一九八一年（昭和五六）一〇月一日のことである。この日、国語審議会の答申に基づき、「当用漢字表」「当用漢字改定音訓表」「当用漢字字体表」は廃止され、それに代わるものとして「常用漢字表」が制定されたのである。

「常用漢字表」に収録された漢字は、一九四五字。当用漢字一八五〇字は一文字残らず含まれ、それに九五字が上乗せされた。また、「当用漢字改定音訓表」が合計三九三八の音訓を掲載していたのに対して、「常用漢字表」掲載の音訓は四〇八七と、一四九増えた。この点、漢字制限はやや緩和されたと見ることができる。

だが、当用漢字からの性格の変化は、単に数字上のことだけではない。手っ取り早いところで、「常用漢字表」の「前書き」から、いくつかの項目を抜き出して読んでみよう。

1　この表は、法令、公用文書、新聞、雑誌、放送など、一般の社会生活において、現代の国語を書き表す場合の漢字使用の目安を示すものである。

2　この表は、科学、技術、芸術その他の各種専門分野や個々人の表記にまで及ぼそうとするものではない。

本　　表

漢字	音訓	例	備考
亜（亞）	ア	亜流，亜麻，亜熱帯	
哀	アイ	哀愁，哀願，悲哀	
	あわれ	哀れ，哀れな話，哀れがる	
	あわれむ	哀れむ，哀れみ	
愛	アイ	愛情，愛読，恋愛	
悪（惡）	アク	悪事，悪意，醜悪	
	オ	悪寒，好悪，憎悪	
	わるい	悪い，悪さ，悪者	
握	アク	握手，握力，掌握	
	にぎる	握る，握り，一握り	
圧（壓）	アツ	圧力，圧迫，気圧	
扱	あつかう	扱う，扱い，客扱い	
安	アン	安全，安価，不安	
	やすい	安い，安らかだ	
案	アン	案文，案内，新案	
暗	アン	暗示，暗愚，明暗	
	くらい	暗い，暗がり	
以	イ	以上，以内，以後	
衣	イ	衣服，衣食住，作業衣	浴衣（ゆかた）
	ころも	衣，羽衣	
位	イ	位置，第一位，各位	「三位一体」，「従三位」は，「サンミイッタイ」，「ジュサンミ」。
	くらい	位，位取り，位する	
囲（圍）	イ	囲碁，包囲，範囲	
	かこむ	囲む，囲み	
	かこう	囲う，囲い	

図30「常用漢字表」

5　この表の運用に当たっては、個々の事情に応じて適切な考慮を加える余地のあるものである。

「当用漢字改定音訓表」で示された「目安」という考え方が、「常用漢字表」では全面的に採用されたのである。そして、さらに重要なのは、「各種専門分野や個々人の表記にまで及ぼそうとするものではない」という部分だと、ぼくは思う。それは裏返せば、表現者としての国民個々人の姿を、常用漢字はまがりなりにも想定している、ということではないだろうか。

漢字の自由の拡大とは、端的に言えば、漢字によって自己を表現しようとする国民の絶対数の増大でもあった。その圧力が、当用漢字の時代を終幕へと導いたのである。

それから二十数年が過ぎた今、ぼくたちと漢字との関係は、はたしてどうなっているのだろうか。

情報化の時代

表現者としての立場から眺めれば、ぼくたちは確実に、すばらしい時代に生きている。当用漢字の時代が始まったころには、自分の考えや体験を文字という形にして公共の場で発信できるのは、作家や学者、官僚、新聞記者などといった、ごくごく限られた人にすぎなかった。当用漢字の論理が、表現者としての国民を置き去りにしていたのも、そこに

「特権階級」的な臭いがつきまとうにせよ、ある意味、無理もない話だったのだ。

それが今では、誰もが簡単に、文字による自己表現を世の中に発表することができるようになった。パソコンとコピー機を使えば、活版印刷のころには考えられなかったほど簡単に、きれいに仕上がった文書を大量に作ることができる。ホームページやブログを利用すれば、自分の考えや体験を、もっと簡単に、文字にして世間に発表することもできるのだ。人気のホームページやブログから、書籍という伝統的な形でのベストセラーが誕生した例も、一つや二つではない。

つまりぼくたちは、「一億総表現者時代」に生きているのだ。それをもたらしたのは、言うまでもなく、情報通信技術であった。

情報通信技術がめざましい発展を見せ始めたのは、一九八〇年代の初めごろ、ちょうど当用漢字の時代が終わった直後からであった。それは、八〇年代後半にはワープロという形で日本人の生活に入り込み、九〇年代後半になると、パソコン・携帯電話・インターネットに姿を変えて、いまやぼくたちの生活を覆い尽くしてしまった感がある。

情報通信技術の発展は、ぼくたちにとても便利な表現手段をもたらした。その結果、文字を手段として自己を表現しようとする国民の数は、爆発的に増加した。それは、常用漢字時代の幕開けに想定されていた範囲を、はるかに超えていることだろう。だとすれば、二一世紀に入った近ごろ、常用漢字の改定の必要性が議論されるようになったのも、当然のことだと言える。

表現者の眼と受容者の眼

一億総表現者の時代、表現者たる国民個々人は、自己の思いにぴったりあった唯一無二の漢字を求めて、漢字制限の境界を超えていく。その試みは、時に、漢字の世界の広がりと奥行き、その豊かさを改めてぼくたちに気付かせてくれる。

でもそれは、漢字にとって、必ずしも幸せなことではないのかもしれない。表現者としてのみ漢字を追求するのなら、基準はいらない。自分にとって唯一無二の漢字を、どこまでも追い求めればいい。しかし漢字の唯一無二性を追い求める旅は、ときに表現者を、とんでもなくはるか彼方にまで誘うことがある。

「八紘一宇」ということばは、奈良の橿原《かしはら》に都を造営する際、神武《じんむ》天皇が下した詔《みことのり》に出典があるとされている。戦時中のある種の人々の眼には、そういう歴史が生み出すこのことばの重みが、唯一無二に映ったのだろう。大多数の国民にとっては、それが意味不明の漢字の羅列であるかもしれないことなど、表現者たる彼らは、考えもしなかったのだろう。

コミュニケーションが成立するためには、表現者と受容者が、なんらかの共通の地盤の上に立っている必要がある。その地盤が見えなくなると、表現者側は気にならなくても、受容者側はとまどうことになる。そこに、漢字に関する基準が求められる理由がある。もちろん、基準だけを盲目的に求めて暴走するのは、無意味なことだ。しかし、その基準を抜きにして漢字の自由だけが拡大していくならば、情報の受け手としての国民の存在は、無視されることになってしまうだろう。

それはちょうど、当用漢字の論理の裏返しにすぎないのだ。

ことは漢字に関してだけではない。最近よく話題になるカタカナ語の氾濫も同じだ。たとえば「ユビキタス」ということばは、表現者にとっては、それ以外では表現できない何か――唯一無二性を持っている。しかしそれが受容者には共有されていない場所では、このことばはコミュニケーションを阻害してしまうのだ。

ぼくたちは今、表現者としての自由を満喫できる時代に生きている。それはとても幸せなことだ。でもこの時代に生きる上で忘れてはならないのは、ぼくたち全員が、表現者であると同時に受容者でもある、ということではないだろうか。

自由と平等とは、あるレベルでは確かに対立する。しかし、だからといってどちらかを捨て去ってよいものではない。表現者であると同時に受容者でもあるということは、時には自由を求め、また時には平等を大切にしなければならない、ということなのだ。

自由と平等のバランスを常に意識すること。――その大切さを、当用漢字にまつわる数々の事件は、ぼくたちに語りかけているのである。

あとがき

来る日も来る日も漢和辞典の校正刷りと向き合っていると、ときに、何とも言えない妙な気持ちがすることがある。たとえるなら、ひとけのない博物館の標本室を歩いているような感じ、とでも言えばいいだろうか。

校正刷りの上には、何千という漢字が、意味や読み方、成り立ちや筆順といったさまざまな情報を付されて、延々と並んでいる。それは、蝶や花の標本が、ガラスのケースに収められて、秩序正しく整理されているのに似ている。もちろん、一つ一つの漢字を手に取って、それぞれの表情を眺めていくのは、楽しい仕事だ。また、漢字には、字形や音韻、意味などのレベルである種の体系があるから、ときにはその体系の作り出す美に気づかされて、一瞬、息をのむ思いに打たれることもある。

でも、校正刷りに並んでいるのは、本当の意味で、漢字なのだろうか。

蝶の標本は、蝶には違いないけれど、青空のもとを飛び回ることはない。花の標本は、まさしく花ではあるけれど、緑の野原を彩《いろど》ることはない。漢和辞典に載《の》っている漢字だって、ぼくたちがふだん使っている漢字とは、どこか、違うものになっている可能性はないだろうか。

漢字にまつわる事件に興味を持つようになったのは、そんな思いがあったからかもしれない。いわば、静かで美しい漢字の世界を離れて、喧噪渦巻《けんそううずま》く人間社会の中で漢字がどのような姿を見せているのかを、見に行きたくなったのだ。

前著『人名用漢字の戦後史』(岩波新書)の資料集めをしているとき、そんな「漢字事件」のいくつかについて、知る機会があった。新聞協会が郵政省の改名にあれほど強く反対したのはなぜなのだろう。新宮命名に関する受田新吉《うけだしんきち》の国会質問が失笑を買ったのはなぜなのだろう。そんな疑問をスタートにして、漢字にまつわる事件を集めていったら、自然と、当用漢字の時代をたどり直すことになった。素材が「事件」だから、そこにはその折々の社会状況が反映している。結果として、昭和戦後という時代についてぼくなりに考えてみることにもなっていった。

ぼくたちは今、良くも悪くも、戦後という時代の「総決算」を迫られている。当用漢字という政策のもとで、国民生活にはいったい何が起こっていたのか。それは、時代の空気とどのように絡《から》み合っていたのか。——本書を書きながらぼくが持ち続けたいと願っていたそんな視点は、「総決算」に少しでも役に立つのだろうか。

本書の出版にあたっては、吉川弘文館編集第一部の伊藤俊之さんに、たいへんお世話になりました。また、同社の宣伝・販売担当のみなさまや、印刷・製本から流通・販売に至るまで、本書がこれから世に出て行くにあたってお世話になるすべての方々に、この場をお借りして、お礼を申し上げます。

そして、もちろん、この本を読んでくださるみなさまにも心から感謝を申し上げて、結びとします。

二〇〇七年七月

円満字二郎

参考文献

池見哲司『水俣病闘争の軌跡』(緑風出版、一九九六年)
石坂洋次郎『青い山脈』(『新潮文庫』、新潮社、一九五二年)
石牟礼道子『神々の村』(『石牟礼道子全集 不知火』第二巻、藤原書店、二〇〇四年)
石牟礼道子『天の魚』(『講談社文庫』、講談社、一九八〇年)
NHK放送文化研究所編『二〇世紀放送史』資料編(日本放送出版協会、二〇〇三年)
大野晋「脅迫状は被告人が書いたものではない」(『朝日ジャーナル』一九七六年二月六日号、朝日新聞社)
鎌田慧『狭山事件』(草思社、二〇〇四年)
佐木隆三『ドキュメント狭山事件』(『文春文庫』、文藝春秋、一九七九年)
総理府統計局『国際統計要覧』一九七〇年版(大蔵省印刷局、一九七〇年)
高井有一「雪子と新子」(五十嵐康夫編『国文学解釈と鑑賞』別冊・石坂洋次郎 映画と旅とふるさと、至文堂、二〇〇三年)
高梨信博「小学校学年別配当漢字の変遷表」(佐藤喜代治編『漢字講座』第八巻、明治書院、一九八八年)
高梨信博「国語教科書の漢字」(佐藤喜代治編『漢字講座』第八巻、明治書院、一九八八年)

高見順『高見順日記』第六巻（勁草書房、一九六五年）
中川一徳「田中角栄と読売・朝日の「電波談合」」（『現代』二〇〇五年二月号、講談社）
林達夫「新聞について」（鶴見俊輔監修『林達夫セレクション』一〈『平凡社ライブラリー』三六五〉、平凡社、二〇〇〇年）
原田正純『水俣病』（『岩波新書』、岩波書店、一九七二年）
松浦友久「詩語としての「怨」と「恨」」（『詩語の諸相　唐詩ノート』研文出版、一九八一年）
村井実（全訳解説）『アメリカ教育使節団報告書』（『講談社学術文庫』、講談社、一九七九年）
文部科学省『データから見る日本の教育』二〇〇六（国立印刷局、二〇〇六年）
山田風太郎『新装版　戦中派不戦日記』（『講談社文庫』、講談社、二〇〇二年）
若林力『江戸川柳で愉しむ中国の故事』（大修館書店、二〇〇五年）
渡辺一夫『渡辺一夫敗戦日記』（博文館新社、一九九五年）
『歴代郵政大臣回顧録』第三巻（逓信研究会、一九七四年）
「栃木矢板小碑文改刻事件」（青木宗也他編『戦後日本教育判例大系』第二巻、労働旬報社、一九八四年）
「日本軽金属見習社員解雇事件」（『判例時報』五四八号、判例時報社、一九六九年）
「朝日新聞戦後見出しデータベース」一九四五―九九（朝日新聞社、二〇〇一年）
気象庁「気象統計情報」（http://www.jma.go.jp/jma/menu/report.html）

国立国語研究所「ことば新聞ＤＢ」（http:/www.kokken.go.jp/siryokan/honkan/sinbundb/）
国立国会図書館「国会会議録検索システム」（http://kokkai.ndl.go.jp/）
裁判所「裁判例情報」（http://www.courts.go.jp/）
総務省統計局「国勢調査」（http://www.stat.go.jp/data/kokusei/index.htm）
文化庁「国語施策情報システム」（http://www.bunka.go.jp/kokugo/）

＊　なお、新聞からの引用は、国立国会図書館所蔵の縮刷版・マイクロフィルムに拠った。

著者紹介

一九六七年、兵庫県に生まれる
一九九一年、東京大学文学部東洋史学科卒業
現在、漢和辞典編集者
主要著書
大人のための漢字力養成講座　人名用漢字の戦後史

歴史文化ライブラリー
241

昭和を騒がせた漢字たち
当用漢字の事件簿

二〇〇七年(平成十九)十月一日　第一刷発行

著　者　円《えん》満《まん》字《じ》二《じ》郎《ろう》
発行者　前田求恭
発行所　株式会社　吉川弘文館
東京都文京区本郷七丁目二番八号
郵便番号一一三―〇〇三三
電話〇三―三八一三―九一五一〈代表〉
振替口座〇〇一〇〇―五―二四四
http://www.yoshikawa-k.co.jp/

印刷＝株式会社平文社
製本＝ナショナル製本協同組合
装幀＝マルプデザイン

歴史文化ライブラリー

1996.10

刊行のことば

現今の日本および国際社会は、さまざまな面で大変動の時代を迎えておりますが、近づきつつある二十一世紀は人類史の到達点として、物質的な繁栄のみならず文化や自然・社会環境を謳歌できる平和な社会でなければなりません。しかしながら高度成長・技術革新にともなう急激な変貌は「自己本位な刹那主義」の風潮を生みだし、先人が築いてきた歴史や文化に学ぶ余裕もなく、いまだ明るい人類の将来が展望できていないようにも見えます。このような状況を踏まえ、よりよい二十一世紀社会を築くために、人類誕生から現在に至る「人類の遺産・教訓」としてのあらゆる分野の歴史と文化を「歴史文化ライブラリー」として刊行することといたしました。

小社は、安政四年（一八五七）の創業以来、一貫して歴史学を中心とした専門出版社として書籍を刊行しつづけてまいりました。その経験を生かし、学問成果にもとづいた本叢書を刊行し社会的要請に応えて行きたいと考えております。

現代は、マスメディアが発達した高度情報化社会といわれますが、私どもはあくまでも活字を主体とした出版こそ、ものの本質を考える基礎と信じ、本叢書をとおして社会に訴えてまいりたいと思います。これから生まれでる一冊一冊が、それぞれの読者を知的冒険の旅へと誘い、希望に満ちた人類の未来を構築する糧となれば幸いです。

吉川弘文館

〈オンデマンド版〉
昭和を騒がせた漢字たち
当用漢字の事件簿

On Demand
歴史文化ライブラリー
241

2018年（平成30）10月1日　発行

著　者　円《えん》満《まん》字《じ》二《じ》郎《ろう》
発行者　吉　川　道　郎
発行所　株式会社　吉川弘文館
〒113-0033　東京都文京区本郷7丁目2番8号
TEL　03-3813-9151〈代表〉
URL　http://www.yoshikawa-k.co.jp/

印刷・製本　大日本印刷株式会社
装　幀　清水良洋・宮崎萌美

円満字二郎（1967～）

ISBN978-4-642-75641-9